Books on Demand GmbH

Spirituelle Geschichten aus Indien

erzählt von Ramana Maharshi

aus dem Englischen übersetzt und illustriert

von Gabriele Ebert

Bibliografische Informationen der Deutschen Bibliothek
Die Deutsche Bibliothek verzeichnet diese Publikation in der Deutschen Natio-
nalbibliografie; detaillierte bibliografische Daten sind im Internet über
http://dnb.ddb.de abrufbar.

Spirituelle Geschichten aus Indien erzählt von Ramana Maharshi
Norderstedt: BoD, 2., leicht verbesserte Auflage, 2019
ISBN: 978-3-7386-1456-5

Titel der Originalausgabe:
Spiritual Stories as told by Ramana Maharshi
© Sri Ramanasramam, Tiruvannamalai, 14th ed., 2014

Umschlaggestaltung: BoD, Foto: Gabriele Ebert
Herstellung und Verlag: Books on Demand GmbH, Norderstedt
Printed in Germany

Ramana Maharshi

INHALTSVERZEICHNIS

VORBEMERKUNG

Ramana Maharshi erzählte viele Heiligenlegenden, Parabeln und Geschichten aus der indischen Mythologie. Er besaß ein hervorragendes Gedächtnis. Sobald er irgendwo eine Geschichte las oder hörte, konnte er sie sich merken und mit seinem schauspielerischen Talent packend erzählen. Die Geschichten sind eingebettet in die Gespräche, die er mit seinen Devotees und Besuchern führte. Er kommentierte sie oft oder illustrierte mit ihnen einen wesentlichen Punkt seiner Antwort für den jeweiligen Frager.

Man muss auch bedenken, dass das erste spirituelle Buch, das auf ihn einen bleibenden Eindruck machte, das Periya Puranam, die Legendensammlung der 63 südindischen Heiligen von Sekkizhar war, das er als Jugendlicher mit sechzehn nach seinem Erleuchtungserlebnis in die Hände bekam. Auszüge davon sind auch in diesem Buch enthalten.

John Greenblatt hat die von Ramana erzählten spirituellen Geschichten aus verschiedenen Schriften über ihn zusammengetragen. Ich habe sie übersetzt, noch um einige Geschichten erweitert und nach Vorlagen von indischen Darstellungen, die ich im Internet gefunden habe, illustriert.

Die Quellen habe ich – soweit ich sie ermitteln konnte – am Ende der jeweiligen Geschichte hinzugefügt. Die Fußnoten sind eigene Erläuterungen, und einige Einleitungstexte wurden von mir erweitert.

Ich danke dem Ramanashram sehr herzlich für die Genehmigung für diese Übersetzung.

Gabriele Ebert, im Mai 2015

EINLEITUNG

Der Geist möchte gern das Undefinierbare definieren. Dafür muss er seine eigenen Hilfsmittel gebrauchen, um die höchste Wahrheit in einer einfachen und trotzdem wirksamen Sprache zum Ausdruck zu bringen. Parabeln und Geschichten, die in den religiösen Schriften Indiens reichlich vorhanden sind, weben einen bunten Faden durch alle tiefgreifenden spirituellen Wahrheiten der Menschheit. Diese religiösen Schätze Indiens werden von den Eltern zu den Kindern überliefert und haben bis heute einen wichtigen Einfluss.

Sivaprakasam Pillai, einer der frühesten Devotees, der die spirituelle Größe Bhagavan Sri Ramana Maharshis erkannt hatte, sagte: »Sri Ramana Bhagavan hat den Zustand *Brahmans* erlangt, ohne das Wort *Brahman* überhaupt zu kennen.« Denn erst einige Jahre später brachten Devotees ihm Bücher, die seinen eigenen Zustand, den er intuitiv erfahren hatte, beschrieben. Mit seiner guten Erinnerungsgabe verstand er die Essenz all dieser Bücher, sobald er sie las, und konnte bei gegebenem Anlass spontan die passende Geschichte oder Parabel erzählen. In Sri Ramanas eigenen Worten wird die Schönheit und Weisheit, die in diesen Geschichten steckt, noch schöner und die Essenz noch deutlicher.

Sri Bhagavan erzählte nicht nur die Geschichte, sondern stellte sie zur Freude seiner Devotees auch schauspielerisch dar. War die Geschichte besonders bewegend, traten ihm Tränen in die Augen. Kunju Swami berichtet: »Er erzählte seine Geschichten so ansprechend, dass wir alles liegen ließen und zu ihm rannten, um zuzuhören, selbst wenn wir die Geschichte schon oft gehört hatten.« S.S. Cohen berichtet in seinem Buch ›Guru Ramana‹: »Bhagavan sagte ein Gedicht eines *Vishnu*-Heiligen aus der Erinnerung auf, in dem es heißt: ›Halte mich fest in Deiner Umarmung, oh Herr.‹ Dabei breitete er seine Arme vor sich aus, während seine Augen einen leidenschaftlichen Ausdruck annahmen und seine Stimme zitterte. Es war faszinierend, wie er die Geschichte, die er erzählte, spielte.« Als er einmal die Geschichte über Tara Vilasam erzählte, traten ihm Tränen in die Augen, und seine Stimme begann zu zittern. Es war, als würde sich das ganze Drama in seiner Gegenwart abspielen. Suri Nagamma, die das bemerkte, meinte: »Sri Bhagavan hat sich in Tara verwandelt.« Da nahm sich der Meister zusammen und sagte lächelnd: »Was soll ich tun? Ich identifiziere mich mit jedem. Ich habe keine getrennte Identität. Ich bin universal.«

Auf den Vorschlag von Lucia Osborne hin haben wir die Anlässe eingefügt, die Sri Bhagavan dazu dienten, die jeweilige Geschichte zu erzählen. Einige neue Geschichten wurden eingefügt sowie ein Glossar der Sanskrit- und Tamil-Begriffe. Besonderen Dank geht an S. Tyagarajan, der das Manuskript zusammen mit Kunju Swami sorgfältig korrigiert hat.

Dieses kleine Werk widmen wir Sri Bhagavan, dessen Führung, Gnade und Liebe uns dazu veranlasst hat, diese Sammlung von Geschichten zu erstellen. Wir erbitten seine Gnade und seinen Segen. Mögen seine Worte uns dazu inspirieren, uns nach innen zu wenden.

Joan Greenblatt, 5. August 1984

VERSCHIEDENE GESCHICHTEN UND ERZÄHLUNGEN

Wenn Sri Bhagavan etwas aus seiner großen Geschichtensammlung erzählte, veränderte er sich. Einmal beschrieb er Gautamas Freude, als die Göttin *Parvati* in seinen Ashram kam. Er konnte nicht weitererzählen, da ihm Tränen in die Augen traten und seine Stimme zitterte. Er versuchte, seine Bewegtheit vor den anderen zu verbergen, und sagte: »Ich weiß nicht, wie die Leute solche Geschichten erzählen können, ohne zusammenzubrechen. Ich vermute, sie müssen ihre Herzen hart wie Stein machen, bevor sie mit dem Erzählen beginnen.«

SELBST-HINGABE: DIE GESCHICHTE VON KÖNIG JANAKA UND DEM WEISEN ASHTAVAKRA

Ashtavakra belehrt König Janaka

Diese Geschichte leitet die Ashtavakra Gita, die Belehrung, die Ashtavakra König Janaka erteilte, ein.

Frage: »Ich fürchte, dass Selbstverwirklichung nicht leicht zu erlangen ist.«

Maharshi: »Warum machst du es dir schwer, indem du an ein Scheitern denkst? Mach weiter. Die Selbstverwirklichung stellt sich bei einem ernsthaften Sucher ein, ehe man bis auf drei zählen kann.«

Um das zu verdeutlichen, erzählte Sri Bhagavan folgende Geschichte:

König Janaka hörte einer philosophischen Abhandlung zu, die der Staats-Gelehrte (*pandit*) vorlas. Darin kam ein Abschnitt vor, der be-

14

sagte, dass ein Reiter, der seinen ersten Fuß in den Steigbügel gestellt hat und dabei über die Verwirklichung meditiert, das Selbst verwirklichen könne, noch ehe er seinen zweiten Fuß erhoben hat, um in den zweiten Steigbügel zu steigen. Das bedeute, dass die Verwirklichung sich sofort einstelle. Der König wies den Gelehrten an, nicht mehr weiterzulesen, und befahl ihm, den Beweis für diese Behauptung zu erbringen. Da bekannte der Gelehrte, dass er nur ein Bücherwurm sei und über kein praktisches Wissen verfüge. Janaka meinte, der Text müsse entweder falsch oder stark übertrieben sein, aber der Gelehrte stimmte ihm nicht zu. Obwohl er keine Erfahrung weiterzugeben hatte, behauptete er, dass der Text weder falsch noch übertrieben sein könne, da er die Worte weiser Männer der Vergangenheit enthielte. Janaka ärgerte sich über ihn, bekam einen Wutanfall und ließ ihn ins Gefängnis werfen. Jeden Gelehrten, der sich als Weiser ausgab, aber diese Textstelle nicht beweisen konnte, ereilte dasselbe Schicksal.

Aus Angst, eingesperrt zu werden, flohen einige Gelehrte aus dem Land und lebten freiwillig im Exil. Als zwei oder drei von ihnen durch einen dichten Wald flohen, trafen sie auf Ashtavakra[1], der trotz seiner Jugend sehr weise war. Als Ashtavakra von ihrer Notlage erfuhr, bot er an, dem König die Wahrheit der Textstelle zu beweisen und die gefangenen Gelehrten freizubekommen. Von dieser kühnen Beteuerung beeindruckt, brachten sie ihn in einer Sänfte zum König.

Als der König den Weisen kommen sah, erhob er sich und grüßte ihn mit äußerster Ehrerbietung. Ashtavakra wies den König an, alle Gelehrten freizulassen. Janaka dachte, dass nur jemand einen solchen Befehl erteilen könne, der seine Zweifel beseitigen konnte. Also ließ er die Gelehrten frei und bat den Weisen, sein Pferd bringen zu lassen. Der Weise riet ihm, nichts zu übereilen, und schlug vor, mit ihm an einen einsamen Ort zu gehen.

Also verließen der König auf seinem Pferd und der Weise in der Sänfte die Stadt. Als sie den Wald erreichten, bat der Weise den König, seine Gefolgschaft zurückzuschicken. Der König tat, wie ihm geheißen. Dann stellte er seinen ersten Fuß in den Steigbügel und forderte den Weise auf, jetzt die Richtigkeit dieses Textes zu beweisen. Der Weise meinte zweifelnd, ob diese Situation wohl der rechten Meister-

---

[1] Ashta = acht, vakra =Verbiegung. Ashtavakra trug diesen Namen, weil sein Körper acht Missbildungen hatte.

Schülerschaft entspräche. Da verstand der König, dass er die nötige Ehrfurcht vor Ashtavakra zeigen müsse, und bat ihn um Gnade. Der Weise sprach ihn nun mit ›Janaka‹ an, denn er war nicht länger ein König, und erklärte ihm, dass ein wahrer Schüler sich und seinen ganzen Besitz dem Meister überlassen müsse, bevor er die Unterweisung der Erkenntnis *Brahmans* (*Brahma jnana*) erhalten könne. »So soll es sein!«, erwiderte der König. »So soll es sein!«, antwortete der Weise und verschwand im Wald.

Von diesem Zeitpunkt an konnte Janaka sich nicht mehr bewegen. Den einen Fuß hatte er im Steigbügel und den anderen in der Luft baumeln, als wäre er zur Statue erstarrt. (Als Sri Bhagavan das erzählte, imitierte er die Position von König Janaka.)

Die Zeit verging. Als die Stadtbewohner kein Anzeichen dafür fanden, dass der König zurückkehren würde, bekamen sie es mit der Angst zu tun und machten sich nach ihm auf die Suche. Sie kamen an die Stelle, wo Janaka erstarrt war, und waren bestürzt, als er nicht auf sie und ihre ernsten Fragen reagierte. Sie begannen, nach Ashtavakra zu suchen, der ein Scharlatan sein musste, da er ihren König verzaubert hatte, wie sie dachten, und schworen Rache. Bekümmert brachten sie den König in einer Sänfte in die Stadt zurück, um für ihn zu sorgen. Doch der Zustand des Königs veränderte sich nicht.

Schließlich wurde Ashtavakra gefunden. Die Minister flehten ihn an, den Zauber zu beenden und den König in seinen normalen Zustand zurückzuversetzen. Gleichzeitig machten sie ihn für den Zauber verantwortlich. Ashtavakra überging ihre unwissenden Bemerkungen und rief Janaka beim Namen. Der grüßte ihn sofort und antwortete. Die Minister waren erstaunt. Ashtavakra sagte zum König, er sei von den Leuten böswillig verdächtigt worden, ihn in diese schlimme Notlage gebracht zu haben, und bat ihn, die Wahrheit zu erzählen. Da fragte der König ärgerlich: »Wer hat das gesagt?« Die Minister waren verwundert und baten um Erbarmen. Ashtavakra wies den König an, wieder normal zu reagieren, und fügte hinzu, dass nur reifen Menschen die Erkenntnis *Brahmans* (*Brahma jnana*) gelehrt werden könne. Da der König den Test erfolgreich bestanden habe, würde er ihm diese Erkenntnis jetzt übermitteln.

Der Weise verbrachte die Nacht über allein mit dem König und lehrte ihn die endgültige Wahrheit. Er sagte: »*Brahman* ist nichts Neues oder von dir Getrenntes. Es ist keine bestimmte Zeit und kein bestimmter Ort nötig, um Es zu verwirklichen.« Er schloss: »›Das bist Du‹ (*tat tvam asi*). Das ist das ewige und unendliche Selbst.«

Am folgenden Morgen sahen die Minister, dass der König eine Versammlung einberief und seines Amtes waltete wie üblich. Bei der Hofversammlung fragte Ashtavakra den König, ob sein früherer Zweifel, ob *Brahma jnana* so unmittelbar und schnell erlangt werden könne, wie die Schriften sagen, beseitigt worden sei. Wenn ja, so möge er sein Pferd bringen lassen und vorführen, dass es wahr sei.

Der König war jetzt sehr demütig und sagte: »Herr, weil ich unreif war, habe ich die Richtigkeit dieses Textes bezweifelt. Jetzt weiß ich, dass jeder Buchstabe davon wahr ist.«

Die Minister dankten dem Weisen.

(Swarnagiri: Erfahrungen, S. 49-52; Nagamma: Briefe, 24.4.1948; Nagamma: Letters and Recollections, S. 28-35)

DER JNANI AND DER SIDDHA:
PRABHULINGA UND GORAKHNATH

Eines Tages wurde über Hata Yoga und ähnliches gesprochen. Da erzählte Sri Bhagavan folgende Geschichte aus dem Prabhulingalila, einem bekannten tamilischen Werk des Weisen Sivaprakasa Swamigal.

Prabhulinga, der Gründer der Lingayat-Sekte[2], die es inzwischen nur noch im Karnataka-Staat gibt, reiste zur Erbauung der spirituell Gesinnten durchs Land. In Gokarnam, einem berühmten Pilgerort an der Westküste Indiens, traf er den berühmten Yogi Gorakhnath. Der Yogi grüßte Prabhulinga respektvoll, war sich aber voller Stolz seiner außergewöhnlichen Kräfte über die Elemente bewusst. Er betrachtete seinen Gast mehr oder wenig als ihm ebenbürtig, sagte, er freue sich, ihn zu treffen, und fragte ihn, wer er sei.

Prabulinga erwiderte, dass nur einer, der sein Ego ein für alle Mal vernichtet habe und verwirklicht sei, wissen könne, wer er sei. Er würde sich fragen, was er zu jemandem, der an seinem vergänglichen Körper hing, sagen sollte. Gorakhnath, der sich mit seinem Körper identifizierte, antwortete: »Nur wer durch die Gnade *Shivas* und den Verzehr von Heilkräutern die Unsterblichkeit des Körpers erlangt hat, wird niemals sterben. Jeder andere stirbt.«

Prabhulinga entgegnete, dass Erkenntnis in der Verwirklichung des eigenen Selbst bestünde und nicht darin, den Körper unsterblich zu machen. Er erklärte ausführlich, dass der Körper nicht das wahre Selbst sein könne. Doch Gorakhnath war davon nicht zu überzeugen und gab nicht nach. Stolz forderte er Prabhulinga heraus, er möge versuchen, seinen Körper entzweizuschneiden, und händigte ihm ein langes, scharfes Schwert aus. Als das Schwert Gorakhnath traf, konnte es ihn nicht verletzen, war dabei aber stumpf geworden.

Prabhulinga tat so, als sei er überrascht, und forderte dann Gorakhnath auf, im Gegenzug zu versuchen, seinen Körper zu zerteilen. Zunächst zögerte Gorakhnath und warnte Prabhulinga, dass er sterben würde. Aber Prabhulinga bestand darauf. Da ergriff Gorakhnath das Schwert und versuchte, Prabhulingas Körper zu zerteilen. Zu sei-

---

[2] eine *Shiva*-Sekte; Prabhulinga war ein *jnani* aus dem 12. Jh.

ner großen Verwunderung durchdrang das Schwert Prabhulinga, ohne ihn zu verwunden. Es war, als zerschneide es nur einen leeren Raum!

Erst jetzt war der *siddha* Gorokhnath bereit, die Überlegenheit des *jnani* Prabhulinga anzuerkennen. Er war in seinem Stolz gedemütigt und bat Prabhulinga, ihn in der Wahrheit zu unterweisen. Prabhulinga erklärte ihm *Brahma vidya* (die Erkenntnis *Brahmans*) folgendermaßen: »Gorakhnath, denke nicht, dass dein Körper das Selbst ist. Suche den, der in deinem Herzen wohnt, und du wirst ein für alle Mal die Krankheit von Geburt und Tod los sein. Die Höhle ist nur in deinem Herzen. Der Bewohner der Höhle heißt Gott oder ›Ich bin Das‹.«

(Sundaresa Iyer, S. 89-92; Swarnagiri: Erfahrungen, S. 54-58; Talk 334)

Ein König ging in Begleitung seiner Armee und seines Gefolges mit allem Prunk und Pomp durch einen Wald. Da traf er einen Mann, der nicht einmal einen Lendenschurz trug. Er lag auf dem Boden, hatte ein Bein über das andere geschlagen und lachte. Anscheinend war er sehr glücklich und mit sich und der Welt zufrieden. Der König wunderte sich darüber, dass er so glücklich war, und ließ ihn herbeirufen. Aber als die Männer des Königs zu ihm kamen, reagierte er nicht und blieb in seinem Zustand. Als das dem König mitgeteilt wurde, ging er selbst zu ihm hin, doch der Asket nahm auch von ihm keinerlei Notiz.

Da dachte der König: »Dies kann kein gewöhnlicher Mann sein« und sagte: »Swami, du bist offensichtlich sehr glücklich. Dürfen wir erfahren, was das Geheimnis deines Glücks ist und welcher Guru es dich gelehrt hat?« Da antwortete der Asket: »Ich hatte vierundzwanzig Gurus. Ich habe von allen gelernt, von diesem Körper, der Erde, den Vögeln, von Dingen und Menschen.«

Man kann alles in dieser Welt in Gut und Böse einteilen. Das Gute hatte ihn gelehrt, was er suchen sollte, und das Schlechte, was er vermeiden sollte. Der Asket war der *avadhuta Dattatreya*.

(Devaraja Mudaliar: Tagebuch, 22.11.45)

TRITT EIN INS HERZ:
EINE GESCHICHTE AUS DEM VICHARA SAGARAM

Ein Devotee, der unerwartet seinen einzigen Sohn verloren hatte, kam in seinem großen Kummer zu Bhagavan und suchte Trost bei ihm. Er stellte einige Fragen, die seinen Kummer zum Ausdruck brachten. Bhagavan bat ihn wie üblich, Selbstergründung zu üben und herauszufinden, wer Kummer habe. Der Devotee war damit nicht zufrieden. Da sagte Bhagavan: »Nun gut. Ich werde dir eine Geschichte aus dem Vichara Sagaram[3] vorlesen. Hör mir gut zu.«

Zwei junge Männer namens Rama und Krishna teilten ihren Eltern mit, dass sie ins Ausland gehen würden, um dort weiter zu studieren und dann viel Geld zu verdienen. Nach einiger Zeit starb einer von ihnen unerwartet. Der andere beendete erfolgreich sein Studium, verdiente gut und führte ein glückliches Leben. Nach einiger Zeit bat er einen Kaufmann, der in seinen Heimatort kommen würde, seinem Vater mitzuteilen, dass er wohlhabend und glücklich sei und dass sein Kamerad gestorben sei. Der Kaufmann gab die Nachricht falsch weiter und sagte zum Vater des Lebenden, dass sein Sohn tot sei, und zum Vater des Toten, dass sein Junge viel Geld verdient habe und ein glückliches Leben führe. Die Eltern des Toten waren glücklich, weil sie dachten, dass ihr Sohn nach einiger Zeit wiederkommen würde, während die Eltern des Lebenden trauerten. Sie hatten ihre Söhne nicht gesehen. Die jeweilige Nachricht hatte sie glücklich bzw. traurig gemacht. Das ist alles.

So ähnlich ist es auch mit uns. Wir glauben alle möglichen Dinge, die uns der Geist weismacht, und werden irregeführt, indem wir denken, dass das, was existiert, nicht existiert und andersherum. Wenn wir dem Geist nicht glauben, sondern ins Herz eintreten und den Sohn sehen, der in unserem Innern ist, brauchen wir ihn nicht außen zu sehen.

(Nagamma: Briefe, 12.7.1947; Talk 614)

---

[3] Das Vichara Sagaram von Nischal Das in Hindi ist ein populäres Vedanta-Werk aus dem 19. Jh.

In einem Gespräch über Nicht-Anhaftung sagte Bhagavan: »Einer unserer Vorfahren schrieb: ›Du, oh Herr, hast mir Hände gegeben, die ich mir als Kissen unter den Kopf legen kann, ein Gewand, um mich zu bekleiden, und Hände zum Essen. Was brauche ich mehr? Das ist mein großes Glück!‹ Das ist der Inhalt des Verses. Kann man denn ausdrücken, wie groß dieses Glück ist? Selbst mächtige Könige sehnen sich danach. Es gibt nichts, was sich damit vergleichen ließe. Ich habe beides erfahren und kenne den Unterschied. Diese Betten, dieses Sofa und alles um mich herum ist Bindung.«

Eine Devotee fragte: »Ist nicht Buddha dafür ein Beispiel?«

Daraufhin sprach Sri Bhagavan über Buddha.

Bhagavan: »Ja. Obwohl er im Palast allen Luxus der Welt hatte, war er traurig. Deshalb sorgte sein Vater für noch mehr Luxus. Aber nichts davon konnte Buddha befriedigen. Um Mitternacht verließ er Frau und Kind und verschwand. Er lebte sechs Jahre in großer Entbehrung, verwirklichte das Selbst und wurde zum Wohl der Welt ein Bettler (*bhikshu*). Erst jetzt war er glücklich. Was brauchte er noch?«

Ein Devotee fragte: »Kehrte er nicht als Bettler in seine Stadt zurück?«

Bhagavan: »Ja. Als sein Vater Suddhodana davon erfuhr, schmückte er den königlichen Elefanten und ging mit der ganzen Armee auf der Hauptstraße seinem Sohn entgegen. Buddha kam aber auf Seitenstraßen und Gassen in die Stadt. Er schickte seine Begleiter betteln, während er seinem Vater entgegenging. Wie konnte sein Vater ihn in dieser Bettlergestalt erkennen? Yasodhara (die Frau Buddhas) erkannte ihn jedoch, hieß ihren Sohn, sich vor seinem Vater zu verneigen, und verneigte sich selbst. Da erkannte ihn auch sein Vater.

Suddhodana hatte nicht erwartet, seinen Sohn in diesem Zustand zu sehen. Zornig rief er: ›Schäme dich! Was ist das für eine Kleidung? Wie kann einer, dem die größten Reichtümer gehören, so daherkommen? Ich habe genug!‹

Wütend sah er Buddha an. Buddha bedauerte, dass sein Vater noch nicht von seiner Unwissenheit frei war, und schaute ihn noch eindringlicher an. In diesem Kampf der Blicke wurde der Vater besiegt. Er fiel seinem Sohn zu Füßen und wurde selbst ein Bettler.

Nur ein Mensch, der ohne Anhaftung ist, kann die Macht der Nicht-Anhaftung kennen.«

(Nagamma: Briefe, 5.12.1947)

1949 wurde der Tempel der Mutter in Sri Bhagavans Gegenwart eingeweiht und die Arbeit von zehn Jahren gesegnet. Vor dem Mathrubuteswara-Tempel wurde die Jubiläumshalle errichtet, um die wachsende Zahl an Devotees zu beherbergen. Dort wurde ein großes Sofa aus Granit mit aufwendigen Schnitzereien aufgestellt. Es war mit einer Seidenmatratze ausgelegt, die Bhagavan Bequemlichkeit bieten sollte. Auf einer Seite befand sich ein großes Kissen, worauf er seinen Arm legen konnte, ein anderes befand sich hinter ihm, damit er sich daran lehnen konnte, und ein drittes zu seinen Füßen. Dadurch wurde der Sitzplatz erheblich verringert.

Als Suri Nagamma die Halle betrat, sah Sri Bhagavan seine Gehilfen an und sagte: »Seht bloß, wie diese Matratze hin- und her rutscht! Die Leute denken, dass es für Bhagavan bequem ist, wenn er eine teure Matratze hat. Man kann aber nicht bequem darauf sitzen. Wozu soll das alles gut sein? Es wäre viel bequemer, wenn ich direkt auf dem steinernen Sofa sitzen würde. Wie in der Geschichte vom sadhu glauben die Leute, dass der Swami große Entbehrung leidet, wenn er in einer strohbedeckten Hütte lebt und auf einer Steinbank schläft, und machen viel Aufhebens darum. Es wäre vielleicht besser, ich würde es so wie der sadhu in der Geschichte machen, einige Steine sammeln, wie die, die ich in der Virupaksha-Höhle hatte, sie immer mitnehmen und auf eine Matratze wie diese legen.«

Ein Devotee fragte: »Kannst du uns die Geschichte vom sadhu erzählen?«

Daraufhin erzählte Bhagavan folgende Geschichte:

Ein großer Mahatma lebte als *sadhu* unter einem Baum im Wald. Er hatte immer drei Steine bei sich. Zum Schlafen legte er den ersten Stein unter den Kopf, den zweiten unter die Taille und den dritten unter die Füße und bedeckte sich mit einem Laken. Wenn es regnete, wurde er von unten nicht nass, da er auf den Steinen lag, und auch von oben nicht, da das Wasser vom Laken abfloss. So schlief er fest und ungestört. Wenn er sich hinsetzen wollte, legte er die drei Steine wie eine Feuerstelle zusammen und setzte sich bequem darauf. Schlangen und andere Reptilien krochen unter den Steinen hindurch

24

und störten ihn nicht, und er störte sie nicht. Jemand brachte ihm das Essen, und so musste er sich um nichts sorgen.

Da kam ein König zum Jagen in den Wald. Als er den *sadhu* sah, dachte er: »Wie sehr muss er doch leiden, wenn er auf diesen Steinen sitzt und schläft. Ich nehme ihn mit nach Hause und werde ihn wenigstens für ein paar Tage beherbergen und verwöhnen.« Mit diesem Gedanken ging er nach Hause und schickte zwei Soldaten sowie eine Sänfte mit Trägern zum *sadhu*. Sie sollten ihn respektvoll in den Palast einladen, doch falls er nicht mit ihnen kommen würde, wollte er sie bestrafen.

Die Soldaten baten den *sadhu*, mit in den Palast zu kommen, doch als er ablehnte, erzählten sie ihm, dass sie bestraft werden würden, wenn sie ohne ihn zurückkämen, und flehten ihn an, sie zu begleiten, um ihnen die Bestrafung zu ersparen. Da er nicht wollte, dass sie seinetwegen in Schwierigkeiten gerieten, stimmte er zu. Was hatte er schon einzupacken? Ein Lendentuch (*koupina*), ein Leintuch und die drei Steine. Er packte die drei Steine und sein Lendentuch in das Laken und machte daraus ein Bündel. Die Soldaten dachten: »Dieser Swami nimmt Steine mit in den Königspalast. Ist er verrückt?«

Der *sadhu* stieg mit seinem Bündel in die Sänfte und wurde zum König gebracht. Als der König das Bündel sah, dachte er, es enthielte seine persönliche Habe, und hieß ihn respektvoll in seinem Palast willkommen. Er gab ihm eine reichliche Mahlzeit und ließ ihm eine Liege mit einer seidenen Matratze herrichten. Da öffnete der *sadhu* sein Bündel, nahm die drei Steine heraus, legte sie aufs Bett, bedeckte sich mit seinem Laken und schlief wie immer.

Am nächsten Morgen kam der König, verneigte sich respektvoll vor ihm und fragte: »Swami, ist es hier bequem für dich?« Der Swami erwiderte: »Ja, doch was soll ich hier? Ich bin immer glücklich.« König: »Das meine ich nicht. Du hast im Wald ein hartes Leben geführt und auf Steinen geschlafen. Dieses Bett und dieses Haus müssen dich glücklich machen. Deshalb frage ich.« Swami: »Ich habe hier dasselbe Bett wie dort und andersherum. Also bin ich überall glücklich. Ich habe keinen Wunsch, weder was meinen Schlaf angeht noch mein Glück.«

Der König war verblüfft. Als er die Steine auf dem Bett bemerkte, verneigte er sich vor dem *sadhu* und sagte: »Heiliger Mann, ohne zu wissen, wie groß du bist, habe ich dich herbringen lassen, um dich glücklich zu machen. Ich wusste nicht, dass du immer glücklich bist, und habe mich töricht benommen. Bitte verzeih mir und segne mich.« Und er erlaubte dem *sadhu* zu gehen. Das ist die Geschichte vom *sadhu*.

Devotee: »Demnach ist für die Mahatmas dieses freie Leben das wahrhaft glückliche?«

Bhagavan: »Ja. Ein Leben in diesen großen Gebäuden ist wie ein Leben im Gefängnis, nur dass ich ein Erster-Klasse-Gefangener bin. Wenn ich auf so einer Matratze sitze, ist es, als säße ich auf einem Feigenkaktus. Wo ist hier Friede und Bequemlichkeit?«

Am nächsten Tag wurde die neue Matratze entfernt und die alte auf das Sofa gelegt. Einige Leute dachten, dass es für Bhagavan besser wäre, wenn er, wie der sadhu in der Geschichte, ein freies Leben führen könnte. Aber er muss hier bleiben, wie ein Papagei im Käfig der Devotees, denn die Devotees lassen ihn nie frei.

(Nagamma: Briefe, 3.6.1949)

Ein Devotee fragte: »Kann jemand davon profitieren, wenn er heilige Silben (Mantren) wiederholt, die er irgendwo aufgelesen hat?«

Sri Bhagavan erwiderte: »Nein. Er muss dazu ermächtigt und in solche Mantren eingeweiht worden sein.«

Um das zu illustrieren erzählte er folgende Geschichte:

Ein König besuchte einmal seinen Premierminister in dessen Haus. Man sagte ihm, der Premierminister sei mit Mantra-*japa* beschäftigt. Also wartete der König, und als der Minister endlich erschien, fragte er ihn, welches Mantra er übe. Der Minister sagte, es sei das heiligste von allen, das *Gayatri*. Da verlangte der König von ihm, in dessen Gebrauch eingeweiht zu werden, aber der Minister erklärte ihm, er sei dazu nicht befugt.

Daraufhin lernte der König es von jemand anderem. Beim nächsten Treffen mit dem Minister sagte er es ihm auf und fragte, ob es so richtig sei. Der Minister antwortete, es sei zwar richtig, aber er sei nicht berechtigt, es zu gebrauchen. Der König wollte den Grund dafür wissen. Da rief der Minister einen Diener herbei, der in der Nähe stand, und befahl ihm, den König festzunehmen. Der Befehl wurde nicht befolgt. Der Minister wiederholte seinen Befehl immer wieder, doch er wurde immer noch nicht ausgeführt. Da wurde der König zornig und befahl demselben Diener, den Minister zu verhaften, was dieser sofort tat. Der Minister lachte und sagte, dass dies die Erklärung sei, um die der König ihn gebeten hatte. »Wieso?«, fragte der König. Der Minister antwortete: »Der Befehl war derselbe und der Ausführende ebenso, aber die Autorität war verschieden. Als ich den Befehl gab, bewirkte er nichts, aber als du ihn gabst, wurde er augenblicklich ausgeführt. Mit den Mantren ist es dasselbe.«

(Talk 8)

Als Bhagavan nach den Eigenschaften eines jnani gefragt wurde, antwortete er: »Sie werden in Büchern wie etwa in der Bhagavad Gita beschrieben. Doch man darf nicht vergessen, dass der Zustand des jnani den Geist überschreitet, weshalb er nicht vom Geist beschrieben werden kann. Nur die Stille kann seinen Zustand und seine Eigenschaften beschreiben. Diese Stille bewirkt mehr als die Sprache. Aus der Stille kommt das Ego, aus dem Ego das Denken und aus dem Denken die Sprache. Wenn also schon die Sprache so viel bewirkt, wie viel mehr dann erst ihr Ursprung?«

Zur Illustration erzählte er folgende Geschichte:

Tattvaraya hatte für seinen Guru Swarupananda ein *bharani* (Preislied) gedichtet. Er lud Gelehrte ein, damit sie sich sein Gedicht anhörten und es bewerteten. Die Gelehrten meinten jedoch, dass man nur einem Helden, der in der Lage sei, tausend Elefanten zu töten, ein *bharani* widmen dürfe, aber nicht einem Asketen. Tattvaraya erwiderte: »Wir wollen zu meinem Guru gehen und die Sache klären.«

Sie gingen also zum Guru. Nachdem sich alle gesetzt hatten, erklärte Tattvaraya ihm den Zweck ihres Besuches. Der Guru schwieg. Da verfielen auch die anderen in Schweigen. Der Tag verging, und es kam die Nacht. Auf diese Weise vergingen einige Tage und Nächte, während alle immer noch schweigend dasaßen. Keinem von ihnen kam ein Gedanke, und keiner dachte noch daran, warum sie hergekommen waren. Nach einigen Tagen bewegte der Guru seinen Geist, und sie erlangten ihre normale Geistestätigkeit zurück. Da sagten sie wie aus einem Mund: »Tausend Elefanten zu besiegen ist nichts im Vergleich zur Macht dieses Gurus, alle Elefanten unseres Egos zusammen zu besiegen. Wahrlich, er verdient das *bharani*!«

(Mudaliar: Tagebuch, 21.11.1945; Talk 262)

Mohini verteilt das *amrit*

Als Bhagavan durch die monatliche Zeitschrift Grihalakshmi blätter-
te, lachte er plötzlich, reichte die Zeitschrift an Suri Nagamma weiter
und sagte: »Hier wird beschrieben, wie sehr Knoblauch hilft. Lies
das.« Der Artikel enthielt Rezepte für Chutneys und Pickles und be-
tonte, dass nichts den Knoblauch überträfe und nichts besser helfe.

Als Suri Nagamma am Nachmittag wieder in die Halle kam, fragte
Sri Bhagavan, ob sie den Artikel gelesen habe, und meinte: »Die Leu-
te glauben, er sei sehr gesund, und das stimmt auch. Er hilft bei
Rheumatismus und stärkt den Körper. Bei Kindern wirkt er wie Nek-
tar (amrit). Knoblauch nennt man auch amrit.«[4]

---

[4] *Amrit* (sanskr.) bedeutet wörtlich Unsterblichkeit und wird oft mit Nektar übersetzt.

Ein Devotee fragte, wie er zu dem Namen gekommen sei. Sri Bhaga-
van antwortete: »Darüber gibt es eine seltsame Geschichte.« Und er
erzählte Folgendes:

Als die Götter (*devas*) und Dämonen (*rakshasas*) das Meer aufwühl-
ten, entstand *amrit* aus dem Meer.[5] Diese Geschichte ist bekannt. Als
die Dämonen mit Gefäßen voller *amrit* davonrannten, riefen die Götter *Vishnu* zu Hilfe. *Vishnu* kam in Gestalt der bezaubernden Mohini
und bot an, den Streit zu schlichten, indem sie allen vom *amrit* geben
würde. Alle waren damit einverstanden. Während sie zuerst die Götter
bediente, schien es nicht mehr für alle Dämonen zu reichen. Deshalb
stahl sich ein Dämon in die Reihe der Götter, ohne dass Mohini es
bemerkte, und verschlang seinen Anteil. Doch die Sonne und der
Mond bemerkten es und verrieten es Mohini. Da warf sie dem Dämon
den Schöpflöffel an den Hals. Er wurde zum *chakra*, einer tödlichen
Waffe *Vishnus*, und trennte ihm den Kopf ab. Da aber das *amrit* bereits seine Kehle hinuntergeflossen war, wurde sein Kopf zu einem
Planeten und übt seitdem Rache an der Sonne und dem Mond (zur
Zeit der Sonnen- und Mondfinsternis).[6]

Das ist die Geschichte. Als der Kopf des Dämons abgeschlagen wurde,
fiel sein Rumpf herunter, und dabei fielen einige Tropfen *amrit* auf
den Boden. Es heißt, dass diese Tropfen zur Knoblauchpflanze wurden. Deshalb heißt es, dass sie einige Eigenschaften von *amrit* besitze.
Sie ist sehr gut für den Körper. Aber da sie von einem Dämon berührt
wurde, hat sie auch *tamasische* Eigenschaften, die den Geist betreffen. Deshalb dürfen *sadhakas* keinen Knoblauch essen.

(Nagamma, Briefe: 20.2.1949)

---

[5] Das bezieht sich auf die bekannte Legende vom Aufwühlen des Milch-Meeres.
Die Götter (*devas*) begannen aufgrund eines Fluchs, ihre Unsterblichkeit zu ver-
lieren. Sie wühlten zusammen mit ihren Feinden, den Dämonen (*asuras*), das
Milch-Meer auf, wodurch *amrit*, der Nektar der Unsterblichkeit entstand, den
beide Parteien für sich beanspruchten.
[6] Der Dämon verschluckt zeitweise die Sonne bzw. den Mond, was zur Sonnen-
bzw. Mondfinsternis führt.

Ribhu war ein großer Seher (*rishi*). Er wird in einigen *Upanishaden* erwähnt. Es heißt von ihm, er habe direkt vom höchsten Herrn göttliches Wissen empfangen und es an einige seiner Schüler weitergegeben, wie etwa an den Weisen Nidagha. Seine Belehrungen an Nidagha sind in der Ribhu-Gita enthalten. Sie wurde oft in Ramanas Gegenwart vorgelesen. Da Ramana gern auf sie verwies und aus ihr zitierte, ist sie in allen Büchern über ihn erwähnt.

Ein ernsthafter Devotee stellte Bhagavan Fragen über die Methode der Selbstverwirklichung. Sri Bhagavan wies ihn wie üblich an herauszufinden, wer das Ich in seiner Frage sei. Nach einigen weiteren derartigen Fragen meinte der Devotee: »Kann ich statt ›Wer bin ich?‹ auch: ›Wer bist du?‹ fragen? Dann konzentriert sich mein Geist auf dich. Ich halte dich für Gott in Gestalt des Gurus.«

Sri Bhagavan antwortete: »Welche Gestalt du auch immer erforschst, du musst letztendlich zum einen Ich, zum Selbst kommen. All diese Unterschiede zwischen ich und du, Meister und Schüler sind lediglich Zeichen der eigenen Unwissenheit. Allein das höchste Ich existiert. Wenn man etwas anderes glaubt, täuscht man sich nur selbst.«

Daraufhin erzählte Sri Bhagavan die lehrreiche Geschichte vom Weisen Ribhu und seinem Schüler Nidagha aus den Puranas.

Obwohl Ribhu seinen Schüler Nidagha die höchste Wahrheit vom einen *Brahman* ohne ein Zweites gelehrt hatte, war Nidagha trotz seiner Gelehrsamkeit und seinem Verständnis nicht genügend davon überzeugt, um dem Weg der Erkenntnis (*jnana*) zu folgen. Er ließ sich in seiner Heimatstadt nieder und widmete sein Leben der Befolgung zeremonieller Riten.

Aber der Weise liebte seinen Schüler so sehr, wie dieser seinen Meister verehrte. Trotz seines Alters machte sich Ribhu auf den Weg in die Stadt, in der sein Schüler wohnte, um zu sehen, wie weit er inzwischen dem Ritualismus entwachsen war. Gelegentlich verkleidete er sich dabei, sodass er Nidagha beobachten konnte, ohne dass dieser es bemerkte.

Einmal, als er sich als Bauer verkleidet hatte, traf er Nidagha, der aufmerksam einer königlichen Prozession zusah. Ribhu fragte Nidagha, der ihn nicht erkannte, was das ganze Getümmel bedeuten solle. Ribhu erklärte ihm, dass es eine Prozession des Königs sei.

»Oh, es ist der König! Er geht in einer Prozession! Aber wo ist er?«, fragte der Bauer.

Nidagha: »Dort auf dem Elefanten.«

Ribhu: »Du sagst, der König sei auf dem Elefanten. Ich sehe zwei. Welches ist der König und welches der Elefant?«

Nidagha: »Was! Du siehst beide, weißt aber nicht, dass der Mann oben der König ist und das Tier unten der Elefant? Es ist sinnlos, mit jemandem wie dir zu reden!«

Ribhu: »Bitte sei nicht ungeduldig mit einem Unwissenden wie mir! Du sagst ›über‹ und ›unter‹. Was meinst du damit?«

Nidagha konnte es nicht länger ertragen und schrie: »Du siehst den König und den Elefanten. Der eine ist oben und der andere unten. Trotzdem willst du wissen, was ›oben‹ und ›unten‹ bedeutet? Wenn du nicht verstehst, was du siehst und was man zu dir sagt, dann kann dich nur Handeln lehren. Neige dich nach vorne, und du wirst es nur zu gut wissen!«

Der Bauer neigte sich nach vorne. Nidagha kletterte auf seine Schultern und sagte: »Verstehst du es jetzt? Ich bin oben wie der König, und du bist unten wie der Elefant. Ist es jetzt klar?«

Ribhu antwortete ruhig: »Nein, immer noch nicht. Du sagst, du seist oben wie der König und ich unten wie der Elefant. Ich weiß jetzt, was du mit König, Elefant, oben und unten meinst. Aber bitte sage mir, was meinst du mit ›du‹ und ›Ich‹?«

Als Nidagha plötzlich mit diesem mächtigen Problem, du und ich als voneinander getrennte Wesenheiten zu definieren, konfrontiert wurde, dämmerte es ihm. Er sprang vom Rücken seines Meisters, fiel ihm zu Füßen und sagte: »Wer außer mein sehr verehrter Meister Ribhu kann meinen Geist von der Oberflächlichkeit der physischen Existenz zum wahren Sein des Selbst ziehen? Oh gütiger Meister, bitte segne mich!«

(S. Iyer: Mein Leben, S. 108f; Nagamma: Briefe, 25.4.1948)

Ein Devotee erhielt ein Exemplar von Sri Bhagavans Ulladu Nar-padu, die ›Vierzig Verse über die Wirklichkeit‹, und begann damit, das ganze Werk für sich abzuschreiben. Als Bhagavan ihn so ernst-haft bei der Arbeit sah, obwohl es für ihn schwierig und mühsam war, da er nicht daran gewöhnt war, für eine längere Schreibarbeit auf dem Boden zu sitzen, erzählte Bhagavan die Geschichte von ei-nem sannyasin und seinem Schülern, um zu illustrieren, was mit Ernsthaftigkeit (sraddha) gemeint ist.

Ein Guru hatte acht Schüler. Eines Tages wies er sie alle an, eine Ab-schrift seiner Lehre aus einem Notizbuch zu machen. Einer von ihnen, der ein unbeschwertes Leben geführt hatte, bevor er der Welt entsag-te, konnte die Abschrift nicht selber machen. Deshalb bezahlte er ei-nem Mitschüler einige Rupien und bat ihn, für ihn die Abschrift zu erledigen.

Der Guru überprüfte die Abschriften und bemerkte, dass zwei dieselbe Handschrift trugen. Er forderte von seinen Schülern eine Erklärung. Beide erzählten die Wahrheit. Da meinte der Meister, dass es für den spirituellen Anwärter nicht genüge, die Wahrheit zu sagen, um das Ziel zu erreichen, sondern dass dazu auch Ernsthaftigkeit (*sraddha*) nötig sei. Da derjenige, der seine Arbeit einem anderen aufgetragen hatte, nicht ernsthaft gewesen war, wurde er von der Schülerschaft ausgeschlossen. Der Guru meinte sarkastisch über das Geld, das er gezahlt hatte, die ›Erlösung‹ koste mehr, und er habe sie sich erkau-fen wollen, anstatt seine Ausbildung zu machen. Mit diesen Worten entließ er den Schüler.

(Sarnagiri: Erfahrungen, S. 32f)

Kaduveli Siddhar[7] war ein berühmter asketischer Einsiedler. Er lebte von dürren Blättern, die von den Bäumen fielen. Da hörte der König des Landes von ihm und setzte eine Belohnung für denjenigen aus, der seine Tugend auf die Probe stellen würde. Eine reiche Prostituierte (*dasi*) bot sich dazu an. Sie ließ sich in der Nähe seiner Einsiedelei nieder und tat so, als sei sie gekommen, um ihm zu dienen. Sie mischte Stücke von *Pappadam* unter die dürren Blätter, die er gesammelt hatte. Als er sie gegessen hatte, mischte sie andere Leckereien darunter. Schließlich aß er schmackhafte Gerichte von ihr. Mit der Zeit wurden sie vertraut miteinander, und ein Kind wurde ihnen geboren. Sie berichtete dem König, was geschehen war.

Der König wollte einen öffentlichen Beweis für ihre Beziehung. Sie war damit einverstanden und schlug einen Plan vor. Der König lud daraufhin zu einer öffentlichen Tanzvorführung ein, bei der die Prostituierte auftreten sollte. Eine Menschenmenge versammelte sich, und auch sie kam. Aber zuvor verabreichte sie dem Kind ein Abführmittel und ließ es in der Obhut des Heiligen Zuhause zurück.

Der Tanz war auf dem Höhepunkt, und das Kind schrie zuhause nach der Mutter. Da nahm es der Vater auf die Arme und ging zur Tanzvorführung. Sie tanzte ausgelassen. Er konnte sich ihr mit dem Kind nicht nähern. Sie bemerkte ihn und das Kind und richtete es so ein, dass sich eine ihrer Fußspangen löste, als sie in seine Nähe kam. Sie streckte ihm ihren Fuß entgegen, und er befestigte die Fußspange wieder. Das Publikum johlte und lachte. Aber er blieb gelassen. Um seine Unschuld zu bekunden, sang er ein Tamillied. Es lautete: »Wenn es wahr ist, dass ich Tag und Nacht schlafe, während ich meines Selbst bewusst bin, dann möge dieses Götterbildnis zerspringen!« Sofort zersprang das Götterbildnis mit einem lauten Krachen. Die Leute waren verblüfft.

Auf diese Weise hat er sich als ein unerschütterlicher *jnani* erwiesen. Man sollte sich nicht vom äußeren Erscheinen des *jnani* täuschen lassen.

(Talk 449)

---

7 Dichter und Heiliger in der Chola-Dynastie

Ein Devotee fragte: »Wie verhilft die Wiederholung des Namens Gottes zur Selbstverwirklichung?«

Sri Bhagavan erwiderte: »Der ursprüngliche Name wiederholt sich unablässig und spontan, ohne dass sich das Individuum dazu anstrengen müsste. Dieser Name ist aham – Ich. Aber wenn er sich manifestiert, dann tut er es als ahamkara, als Ego. Die mündliche Wiederholung des Namens führt zur geistigen Wiederholung, die sich schließlich in der ewigen Schwingung auflöst. Geist und Mund können nicht ohne das Selbst handeln.«

Daraufhin erzählte Sri Bhagavan folgende Geschichte:

Tukaram[8], der berühmte Heilige aus Maharashtra, verweilte tagsüber in *samadhi*, während er nachts mit vielen Leuten sang und tanzte. Der Name *Ramas* war beständig auf seinen Lippen. Einmal wiederholte er ›Ram, Ram‹, während er seiner Notdurft nachging. Ein orthodoxer Priester war entsetzt, den heiligen Namen bei einer solch unreinen Tätigkeit zu hören. Er tadelte Tukaram und befahl ihm zu schweigen, während er seine Notdurft verrichtete. Tukaram war damit einverstanden und blieb stumm. Da ertönte der Name *Rama* aus allen seinen Poren, sodass der Priester über den Lärm erschrak. Er bat Tukaram um Verzeihung und sagte: »Verbote sind nur für die gewöhnlichen Leute gedacht, nicht aber für Heilige wie dich.«

(Talk 591)

---

[8] Tukaram war ein populärer Dichter und *bhakta* des 17. Jh.

Es lebte einmal ein König mit einer frommen Königin. Sie verehrte *Rama* und wünschte sich sehnlich, dass auch ihr Mann *Rama* verehren möge. Eines Nachts hörte sie, dass der König etwas im Schlaf murmelte. Sie horchte an seinen Lippen und hörte, dass er beständig das Wort ›*Rama*‹ wiederholte. Sie freute sich so sehr darüber, dass sie am nächsten Tag ein Fest anordnete.

Der König hatte an dem Fest teilgenommen und fragte seine Frau anschließend, was der Anlass dafür gewesen sei. Sie erzählte ihm alles und sagte, dass das Fest ein Dank an Gott gewesen sei, der ihren lange gehegten Wunsch erfüllt habe.

Der König ärgerte sich darüber, dass seine Hingabe öffentlich gemacht worden war. Einige erzählen, dass er Selbstmord begangen habe, weil er meinte, Gott verraten zu haben und sich Seiner unwürdig fühlte.

Die Moral von der Geschichte ist, dass man nicht öffentlich seine Frömmigkeit zur Schau stellen soll. Wir können annehmen, dass der König seiner Gemahlin sagte, sie solle wegen seiner Frömmigkeit nicht so viel Aufhebens machen, und dass sie dann glücklich weiterlebten.

(Talk 449)

F.: »Ich habe die Wahrheit nicht verwirklicht, dass das Selbst allein existiert. Sollte ich nicht lieber den Weg der Hingabe (bhakti) oder den Yoga-Weg gehen, die als sadhana geeigneter sind als der Weg der Ergründung (vichara marga)? Ist denn die Verwirklichung des eigenen, absoluten Seins, Brahma-jnana, für einen Laien wie mich überhaupt erreichbar?«

M.: »Brahma-jnana ist kein Wissen, das man erlangen könnte, sodass man durch sein Erlangen glücklich würde. Es ist die unwissende Sichtweise, die man aufgeben sollte. Das Selbst, das du erkennen willst, bist in Wirklichkeit du selbst. Deine sogenannte Unwissenheit bereitet dir nutzlosen Kummer. Es ist wie bei den zehn dummen Männern, die sich über den verlorenen zehnten Mann sorgten, der niemals verloren war.«

Zehn dumme Männer überquerten einen Fluss. Als sie das andere Ufer erreicht hatten, wollten sie wissen, ob alle sicher hinübergekommen waren. Einer der Zehn begann zu zählen, ließ sich selbst aber aus und sagte: »Ich sehe nur neun. Wir haben jemanden verloren. Wer kann es sein?« »Hast du auch richtig gezählt?«, fragte ein anderer und zählte selbst nach. Aber auch er kam nur auf neun. Einer nach dem anderen zählte neun und ließ sich selbst aus. Sie alle meinten: »Wir sind nur neun. Aber wer fehlt?« Jede Bemühung herauszufinden, wer fehlte, misslang. »Wer immer es auch ist, er ist ertrunken«, jammerte der Sentimentalste von ihnen. »Wir haben ihn verloren.« Er brach in Tränen aus, und die neun anderen weinten ebenfalls.

Ein mitleidiger Reisender sah sie am Ufer weinen und fragte sie, was der Grund dafür sei. Sie erzählten ihm alles und sagten, dass sie sich wiederholt gezählt hätten und immer nur auf neun gekommen wären. Der Reisende, der ihnen zugehört hatte und alle zehn vor sich sah, vermutete, worin der Fehler lag. Um es ihnen klar zu machen, dass sie wirklich zehn waren und alle zehn den Fluss sicher überquert hatten, schlug er vor: »Jeder soll sich selber zählen, aber der Reihe nach: eins, zwei, drei usw., während ich jedem von euch einen Schlag gebe, sodass jeder sicher sein kann, eingerechnet worden zu sein, aber nur ein Mal. Dann werden wir den zehnten vermissten Mann finden.« Sie waren sofort damit einverstanden und hofften, so den verlorenen Kameraden zu finden. Der freundliche Reisende gab jedem der Zehn nacheinander einen Hieb, und der Geschlagene zählte sich laut. »Zehn«, sagte der Letzte, als er den Hieb erhielt. Fassungslos schauten sie sich an. »Wir sind zehn«, sagten sie alle und dankten dem Reisenden dafür, dass er ihren Kummer beseitigt hatte.

Das ist die Parabel. Woher kam der zehnte Mann? War er jemals verloren? Haben sie eine neue Erkenntnis gewonnen, als sie begriffen, dass er immer schon da war? Der Grund ihres Kummers war kein wirklicher Verlust eines Mannes von ihnen, sondern ihre eigene Unwissenheit oder, besser gesagt, ihre Annahme, dass einer von ihnen verloren gegangen sei, obwohl sie nicht wussten wer, da sie nur neun zählten.

(Talk 63)

GOTT ARBEITET FÜR SEINE VEREHRER

An einem bestimmten Tag im Jahr werden Gott und Göttin zum benachbarten Feld getragen, und es wird das Fest der Götter und Göttinnen gefeiert. Das geschieht in Erinnerung an folgenden Vorfall: Sundaramurti Swami kam eines Tages in den Tempel. Zu seiner Bestürzung waren Gott und Göttin nicht da. Er machte sich nach ihnen auf die Suche und fand sie auf einem Feld, wo sie Setzlinge für einen ihrer Verehrer pflanzten.

JEDER SPIEGELT SEIN EIGENES WESEN WIDER

Einer der *nayanars* (63 Tamil-Heiligen) ging nach Kalahasti, um Gottes *darshan* zu erhalten. Dort sah er alle Leute als *Shiva* und *Shakti*, weil er selbst so war. Dharmaputra glaubte, dass die Welt aus Menschen bestünde, die alle die einen oder anderen Vorzüge hätten, und dass jeder von ihnen aus dem einen oder anderen Grund besser sei als er selbst. Duryodhana dagegen konnte keinen einzigen guten Menschen in der Welt finden. Jeder spiegelt wider, was er selbst ist.«[9]

(Talk 529)

DIE BEZAHLUNG DES MEISTERS

Ein Schüler diente lange seinem Meister und verwirklichte das Selbst. Er war glücklich und wollte dem Meister danken. Mit Freudentränen und gebrochener Stimme sagte er: »Wie seltsam, dass ich all die Jahre mein Selbst nicht gekannt habe! Ich habe lange gelitten, und du hast mir gnädig geholfen, das Selbst zu verwirklichen. Wie kann ich dir deine Wohltat vergelten? Es liegt nicht in meiner Macht.«

Der Meister erwiderte: »Deine Vergeltung besteht darin, nicht mehr in den unwissenden Zustand zurückzufallen, sondern im Zustand deines wahren Selbst zu verbleiben.«

---

[9] Dharmaputra und Duryodhana sind Gestalten im Mahabharata.

Der große malayalamische Heilige und Schriftsteller Ezhuthachan hatte einige Fische bei sich versteckt, als er in den Tempel ging. Man suchte nach ihm und brachte ihn vor den König. Der König fragte ihn: »Warum hast du den Fisch in den Tempel mitgebracht?« Er antwortete: »Es ist nicht meine Schuld. Ich habe ihn in meiner Kleidung versteckt. Die anderen haben den Fisch im Tempel zur Schau gestellt. Darin liegt der Fehler. Exkremente im Körper werden nicht als schmutzig betrachtet, wohl aber wenn sie ausgeschieden werden. So ist es auch damit.«

(Talk 324)

Krishna rettet den Säugling Parikshit

Sri Bhagavan warnte seine Zuhörer vor dem Fehler, einen *jnani* wegen seines scheinbaren Verhaltens geringzuschätzen, und erzählte die Geschichte von Parikshit.[10] Parikshit wurde tot geboren. Die Frauen weinten und flehten Sri *Krishna* an, das Kind zu retten. Die Weisen fragten sich, wie *Krishna* das Kind vor den Pfeilen des Totengottes retten wollte. *Krishna* sagte: »Wenn das Kind von jemandem berührt

---

[10] König im 12./11. Jh. v. Chr.

wird, der in ewiger Keuschheit lebt (*nityabrahmachari*), wird es zum Leben erweckt werden.«

Niemand wagte es, das Kind zu berühren, nicht einmal Suka. Da unter den angesehenen Heiligen niemand zu finden war, berührte *Krishna* selbst das Kind und sagte: »Wenn ich ein *nityabrahmachari* bin, so möge das Kind leben.« Da begann das Kind zu atmen und wurde später der berühmte Parikshit.

Bedenkt, wie *Krishna*, der von 16.000 Kuhhirtinnen (*gopis*) umgeben war, ein *brahmachari* sein kann! Das ist das Geheimnis von *jivanmukti*. Ein *jivanmukta* ist jemand, der nichts getrennt vom Selbst sieht.

(Talk 449)

F.: »Was ist der Unterschied zwischen einem Menschen, der keinen Versuch macht und ein ajnani bleibt, und einem anderen, der einen flüchtigen Blick auf die Wirklichkeit erhält, aber zur Unwissenheit zurückkehrt?«

M.: »Im letzten Fall ist immer ein Impuls da, der ihn zu weiteren Anstrengungen antreibt, bis die Verwirklichung vollkommen ist.«

F.: »In den Schriften (srutis) heißt es: ›Die Erkenntnis Brahmans erstrahlt ein für alle Mal.‹«

M.: »Diese Aussage bezieht sich auf die dauerhafte Verwirklichung und nicht auf den flüchtigen Blick.«

F.: »Wie ist es möglich, dass ein Mensch seine Erfahrung vergisst und ins Nichtwissen zurückfällt?«

Sri Bhagavan veranschaulichte das mit folgender Geschichte:

Es war einmal ein König, der seine Untergebenen gut behandelte. Einer seiner Minister gewann sein besonderes Vertrauen, missbrauchte aber seinen Einfluss. Die anderen Minister und Bediensteten empörten sich darüber und fassten einen Plan, wie sie ihn loswerden konnten. Sie wiesen die Wachen an, den Minister nicht mehr in den Palast zu lassen. Der König bemerkte seine Abwesenheit und erkundigte sich nach ihm. Man sagte ihm, dass der Minister krank sei und deshalb nicht kommen könne. Da schickte der König seinen Leibarzt zu ihm, doch er erhielt falsche Berichte. Einmal hieß es, dem Minister ginge es besser, dann wieder, es ginge ihm schlechter. Als der König den Patienten besuchen wollte, rieten ihm die Gelehrten davon ab, weil das gegen die Etikette verstieße. Später hieß es, der Minister sei gestorben, und der König war darüber sehr betrübt.

Der arrogante Minister wusste durch eigene Späher, was vor sich gegangen war, und versuchte, den Plan der anderen Minister zu durchkreuzen. Er wartete darauf, dass der König seinen Palast verließ, um ihm alles zu erzählen. Er kletterte auf einen Baum, verbarg sich hinter den Zweigen und wartete auf den König. An diesem Abend wurde der König in einer Sänfte vorbeigetragen. Da sprang er aus seinem Versteck vor die Sänfte und rief ihn an. Doch der Begleiter des Königs holte geistesgegenwärtig eine Handvoll heiliger Asche (*vibhuti*) aus seiner Tasche und warf sie in die Luft, sodass der König die Augen schließen musste. Dazu rief er: »Sieg (*jay*) dem König!« und gab der Musikkapelle das Zeichen zu spielen, sodass der Lärm die Stimme des Ministers übertönte. Zudem befahl er den Sänftenträgern, schneller zu gehen, wobei er Beschwörungsformeln gegen böse Geister sang. Das Ganze erweckte für den König den Eindruck, als wolle der Geist des Toten ihn heimsuchen.

Der enttäuschte Minister zog sich verzweifelt in den Wald zurück, um Entsagung (*tapasya*) zu üben. Nach langer Zeit ging der König jagen und begegnete seinem früheren Minister, der tief in Meditation versunken dasaß. Doch er floh vor ihm, da er glaubte, es mit seinem Geist zu tun zu haben, der ihn belästigen wollte.

(Talk 562)

Ein Devotee fragte: »Swami, was ist der leichteste Weg, die Befreiung (moksha) zu erlangen?«

Bhagavan sagte mit einem Lächeln: »Wenn der Geist auf Abwege gerät, sollte man ihn nach innen wenden und ihn im Gedanken an das Selbst zur Ruhe bringen. Das ist der einzige Weg.«

Jemand anderer fragte: »Dafür ist die Wiederholung von Ramas Namen gut, nicht wahr?«

Bhagavan: »Gewiss. Was könnte besser sein? Das japa von Ramas Namen hat eine besondere Bedeutung. In der Geschichte über Namdev wird erzählt, dass er zu einem Devotee sagte: ›Wenn du die Bedeutung von Ramas Namen erfassen willst, musst du zuerst deinen eigenen Namen kennen. Du musst zuerst verstehen, was dein wahres Wesen (svarupa) ist, wer du bist und wie es kam, dass du geboren wurdest. Solange du über deinen eigenen Ursprung nicht Bescheid weißt, kennst du auch deinen Namen nicht. Dieser Gedanke ist in den Liedern von Namdev in Marathi und im Adhyatma Ramayana in Malayalam zu finden.«

Daraufhin erzählte er folgende Geschichte:

Im Adhyatma Ramayana wird erzählt, dass Anjaneya (*Hanuman*) sich auf die Suche nach *Sita* machte. Er setzte sich in der königlichen Halle aufs höchste Podest, *Ravana* (dem König von Lanka) gegenüber und sagte furchtlos zu ihm: »Ravana, hiermit lehre ich dich, wie du die Befreiung (*moksha*) erlangen kannst. Höre mir genau zu. Es ist gewiss, dass das Ich (*atman*) durch intensive Hingabe an Hari (*Vishnu*), der stets im Lotus des Herzens weilt, gereinigt wird. Das Ego wird vernichtet und damit die Sünde. Dann ersteht an seiner Stelle die Erkenntnis des transzendenten Selbst. Wenn du einen reinen Geist hast und die Seligkeit (*ananda*), die die sichere Erkenntnis des Selbst hervorbringt, wiederholen sich die beiden Buchstaben ›Ra‹ und ›Ma‹ wie ein Mantra von selbst in dir. Was braucht so ein Mensch noch mehr, der diese Erkenntnis hat, wie klein sie auch sein mag? Deshalb verehre die Lotusfüße *Vishnus*, die allen Devotees lieb sind und so hell erstrahlen wie tausend Sonnen. Das wird alle weltlichen Ängste vernichten. Gib die Ignoranz deines Geistes auf.«

Diese Geschichte ist in einigen Versen im Adhyatma Ramayana in Sanskrit enthalten, aber nicht so ausführlich wie in der Version in Malayalam. Wie also könnte der Name *Ramas* nur von alltäglicher Bedeutung sein?

(Nagamma: Briefe, 2.5.1948)

Lakshman Brahmachari von der Ramakrishna-Mission fragte: »Wenn die Ergründung ›Wer bin ich?‹ beziehungsweise des Ich-Gedankens selbst ein Gedanke ist, wie kann er dann durch diesen Vorgang zerstört werden?«

Sri Ramana antwortete ihm mit einer Geschichte.

Als *Sita* im Wald von den Frauen der *rishis* gefragt wurde, wer unter den *rishis* ihr Mann sei – ihr Mann *Rama* befand sich unter ihnen – verneinte sie bei jedem, auf den die Frauen zeigten. Als sie auf *Rama* wiesen, schlug sie nur die Augen nieder. Ihr Schweigen sagte alles.[11]

Ähnlich beredt sind die *Veden* mit ihrem ›*neti – neti*‹ (nicht dies, nicht das). Dann verstummen sie. Ihr Schweigen ist der wahre Zustand. Das ist die Bedeutung der Erklärung durch Schweigen. Wird die Quelle des Ich-Gedankens erreicht, verschwindet er, und das, was übrig bleibt, ist das Selbst.

(Talk 130)

---

[11] Das bezieht sich auf eine Geschichte im *Ramayana*. *Sita* und *Rama* wohnten bei den *rishis* im Wald. Da fragten die Frauen der *rishis*, ob *Sita* allein in den Wald gekommen sei oder ihren Mann dabeihabe, und wollten wissen, welcher es ist.

Ein Devotee erzählte Bhagavan von seiner schlechten Gesundheit, von den Behandlungsmethoden der Ärzte und den Diensten, die ihm seine Diener leisteten. Bhagavan antwortete ihm nicht sofort. Am Abend, als sich alle Devotees versammelt hatten, rieb er seine Beine mit Öl ein. Er sah den Frager lächelnd an und sagte: »Wir sind unsere eigenen Ärzte und Diener.«

Devotee: »Was können wir tun, wenn wir nicht so stark wie Bhagavan sind, um uns um unsere eigenen Angelegenheiten zu kümmern?«

Bhagavan: »Wenn wir die Kraft zum Essen haben, warum sollten wir dann nicht auch die Kraft dazu haben?«

Der Devotee wusste darauf nichts mehr zu erwidern und schwieg mit gesenktem Kopf. Da kam die Post. Nachdem Bhagavan die Briefe durchgesehen hatte, erzählte er folgende Geschichte:

Ein *sannyasin* war darauf erpicht, die Leitung eines *Math* zu übernehmen. Dafür brauchte er Schüler. Er versuchte alles, Schüler für sich zu gewinnen. Doch alle, die kamen, fanden bald heraus, dass er nicht viel wusste, und gingen wieder. Keiner blieb.

Eines Tages hatte er etwas in einer Stadt zu erledigen. Er musste dort seiner Position entsprechend auftreten, aber er hatte keinen Schüler. Da dachte er, es müsse ja niemand wissen. Er plante, sein Bündel Kleider unbeobachtet in einem Haus abzulegen und dann so zu tun, als ob er gerade erst ankommen würde. So wanderte er durch die ganze Ortschaft, doch jedes Mal, wenn er ein Haus betreten wollte, standen Leute davor. Armer Kerl! Was konnte er tun? Es war schon fast Abend, und er war müde.

Schließlich fand er ein Haus, vor dem niemand war. Die Tür stand offen. Erleichtert legte er sein Bündel in einer Ecke des Hauses ab und setzte sich draußen auf die Veranda. Nach einer Weile kam die Hausfrau heraus und fragte ihn, wer er sei. »Ich bin das Oberhaupt eines *Math* und habe in der Stadt zu tun. Ich habe gehört, dass ihr gute Leute seid. Ich habe mein Gepäck von meinem Schüler herbringen lassen, da ich hoffe, dass wir die Nacht bei euch verbringen können. Morgen werden wir wieder gehen. War mein Schüler da?« »Niemand war da,

Herr«, antwortete sie. »Ich habe ihn geheißen, mein Bündel hier abzulegen und dann einige Dinge auf dem Bazar zu besorgen. Bitte sieh
nach, ob er es irgendwo abgelegt hat.«

Als die Frau das Haus durchsuchte, fand sie das Bündel in einer Ecke
liegen. Da hießen sie und ihr Mann ihn willkommen und gaben ihm
etwas zu essen und ein Zimmer zum Schlafen. Spätabends fragten sie:
»Dein Schüler ist immer noch nicht da?« Er antwortete: »Vielleicht
streunt dieser Bursche herum und hat im Bazar etwas gegessen. Bitte
geht zu Bett. Wenn er kommt, werde ich ihm öffnen.«

Das Ehepaar hatte den *sannyasin* inzwischen durchschaut. Die beiden
dachten, sie würden noch mehr Spaß mit ihm haben, und gingen zu
Bett. Da begann der *sannyasin* mit seiner Vorstellung. Er öffnete ge-
räuschvoll die Tür und schloss sie wieder, sodass jeder im Haus es
hören musste. Dann sagte er laut: »Wo bist du so lange gewesen?
Nimm dich bloß in Acht! Wenn das wieder vorkommt, werde ich dich
grün und blau schlagen.« Dann verstellte er seine Stimme und jammerte: »Swami, Swami, bitte vergib mir! Es wird nicht wieder vor-
kommen.« Mit seiner eigenen Stimme befahl er: »Gut, und jetzt
komm her und massiere meine Beine – hier, nicht da – leicht mit
den Fäusten klopfen – ja, ein bisschen fester.« Er massierte seine eigenen Beine und sagte dann: »Jetzt ist es genug. Es ist schon spät.
Geh zu Bett.« Dann ging er schlafen. Es gab im Zimmer der Eheleute
ein Loch in der Wand, durch das sie die ganze Posse beobachten
konnten.

Am frühen Morgen wiederholte der *sannyasin* die Vorstellung vom
Vorabend: »Du fauler Kerl! Die Hähne krähen schon. Geh zu Herrn
XY, erledige diese und jene Arbeit und komm dann zurück.« Damit
öffnete er die Tür und gab vor, ihn wegzuschicken. Dann ging er wieder ins Bett zurück. Das Paar beobachte auch das.

Am Morgen packte er sein Bündel zusammen, legte es in eine Ecke
und ging zum Wasserbecken in der Nähe, um sein Bad zu nehmen.
Unterdessen versteckte das Ehepaar das Bündel. Als der *sannyasin*
zurückkam, durchsuchte er das ganze Zimmer, aber das Bündel war
nirgends zu finden. Da fragte er die Hausfrau: »Wo ist mein Bündel?«
Das Paar erwiderte: »Herr, dein Schüler war da und hat es mitge-
nommen. Er sagte, dass er es dir bringen soll. Es war derselbe, der
gestern Abend deine Beine massiert hat. Er ist gerade um die Ecke

verschwunden.« Was konnte der *sannyasin* tun? Er hielt den Mund und machte sich auf den Heimweg.

So ist es, wenn ein Schüler dir dient. Wir sind unsere eigenen Diener.

Daraufhin gab er vor, seine Beine mit seinen Händen und seinen Fäusten zu massieren.

(Nagamma: Briefe, 5.4.1947)

Hanuman springt über das Meer nach Lanka

*In der Halle wurde über die Geschichte von Kulasekhara Alwar[12]
diskutiert, die in der Zeitschrift ›Vision‹ erschienen ist. Während
Kulasekhara Alwar einer Erzählung von Rama und Sita zuhörte,
identifizierte er sich völlig mit dem Geschehen. Da er ein Verehrer
Ramas war, wollte er sofort nach Lanka eilen, um Sita zu befreien.[13]
Er rannte zum Meer und wollte es bereits überqueren, als Rama mit
Sita und Lakshmana vor ihm erschien und ihn segnete. Jemand in
der Halle meinte: »Ein Heiliger aus Maratha hat etwas ähnliches
getan. Ich glaube, er sprang aufs Dach.«*

Daraufhin erzählte Sri Bhagavan die Geschichte.

---

[12] ein Heiliger aus dem 9. Jh.

[13] Das Ramayana erzählt von der Entführung *Sitas*, der Frau *Ramas*, durch den Dämonenkönig *Ravana* nach Lanka. Der Affenkönig *Hanuman* versuchte, sie zu befreien. Lakshmana ist *Ramas* jüngerer Bruder.

52

Ekanath war dabei, das Ramayana zu schreiben.[14] Als er zu der Stelle kam, in der er bildlich beschrieb, wie *Hanuman* über das Meer nach Lanka sprang, identifizierte er sich so sehr mit seinem Helden, dass er ungewollt in die Luft sprang und auf dem Hausdach seines Nachbarn landete.

Dieser Nachbar hatte von Ekanath immer schon eine schlechte Meinung gehabt. Er hielt ihn für einen Betrüger und religiösen Scharlatan. Als er den Aufprall auf seinem Dach hörte, ging er nach draußen, um zu sehen, was los war. Ekanath lag auf dem Dach, mit einem Kokosblatt in der einen Hand und seinem Griffel in der anderen. Auf dem Kokosblatt standen die Verse, wie *Hanuman* über das Meer sprang. Das überzeugte den Nachbarn, dass Ekanath ein echter *bhakta* war, und er wurde sein Schüler.

Gott ist Ekanath auch im Traum erschienen und hat ihn gebeten, die Grabstätte von Jnaneswar[15] in Stand zu setzen. Als er hinkam, traf er einen Bauunternehmer an, der bereit war, alle Arbeit gegen Bezahlung auszuführen. Der Bauunternehmer stellte eine große Berechnung auf, in die er alle Ausgaben und Namen der Arbeiter mit dem gezahlten Lohn eintrug. Er tat alles sehr systematisch. Als das Grab in Stand gesetzt worden war, machte er den Abschluss und beglich seine Rechnungen. Daraufhin verschwanden er und sein großes Buch. Da wurde Ekanath klar, dass Gott sein Bauunternehmer gewesen war und alle Arbeit ausgeführt hatte. Solche Dinge sind geschehen.

---

[14] Ekanath (16. Jh.) war ein bekannter Dichter und Heiliger aus Maratha. Er schrieb eine Version des Ramayana.
[15] ein Heiliger aus dem 13. Jh.

F.: »Kann man mit Ishwara sprechen, wie Ramakrishna es getan hat?«

M.: »Wenn wir miteinander sprechen können, warum sollten wir dann nicht auf dieselbe Weise mit Ishwara reden?«

F.: »Warum ist es uns dann unmöglich?«

M.: »Dafür ist ein reiner und starker Geist nötig sowie Meditations- praxis.«

F.: »Offenbart sich Gott unter den erwähnten Bedingungen?«

M.: »Solche Manifestationen sind so wirklich wie du selbst. Anders ausgedrückt: Wenn du dich mit dem Körper identifizierst, wie im Wachen (jagrat), siehst du grobstoffliche Objekte. Im subtilen Körper oder auf der geistigen Ebene, wie im Traum (svapna), siehst du da- gegen subtile Objekte. Ist die Identifikation nicht da, wie im Tief- schlaf (sushupti), siehst du gar nichts. Das Gesehene steht mit dem Zustand des Sehenden in Beziehung. Dasselbe gilt auch für die Visio- nen Gottes. Durch lange Übung erscheint die Gestalt Gottes, über die man meditiert, im Traum und manchmal später auch im Wachzu- stand.«

F.: »Ist das der Zustand der Gottverwirklichung?«

M.: »Höre, was vor langer Zeit geschah.«

Vithoba (*Vishnu*) fand, dass Namdev[16] noch nicht die höchste Wahr- heit verwirklicht hatte, und wollte sie ihn lehren. Als Jnaneswar und Namdev von ihrer Pilgerreise zurückkamen, gab Gora Kumbhar (der heilige Töpfer) in seinem Palast für alle Heiligen ein Fest. Unter ihnen waren auch Jnaneswar und Namdev. Beim Fest sagte Jnaneswar, der sich mit Gora abgesprochen hatte, öffentlich: »Du bist ein Töpfer, stellst täglich Töpfe her und prüfst, welche ordentlich gebrannt sind und welche nicht. Diese Töpfe vor dir (die Heiligen) sind Töpfe *Brahmas*. Teste, welche von ihnen ordentlich gebrannt sind und wel- che nicht.«

---

[16] Namdev, Jnaneswar und Gora Kumbhar waren Heilige im 13. Jh.

54

Gora erwiderte: »Swami, ich werde es tun« und nahm seine Töpfer-prüfstange, mit der er normalerweise auf die Töpfe klopfte, um ihre Qualität zu prüfen. Er hielt sie über seinen Kopf, ging damit zu seinen Gästen und klopfte jedem damit auf den Kopf, wie er es bei seinen Töpfen tat. Jeder Gast ließ es demütig über sich ergehen. Aber als Gora zu Namdev kam, rief letzterer empört: »Töpfer, wie kannst du es wagen, mich mit deinem Stock zu berühren?« Daraufhin sagte Gora zu Jnaneswar: »Swami, alle Töpfe sind ordentlich gebrannt, nur die-ser hier (Namdev) nicht.« Die Gäste brachen in Gelächter aus.

Namdev fühlte sich erniedrigt und rannte zu Vitthal (die Gottheit, die er verehrte) und mit der er vertrauten Umgang pflegte. Er spielte mit ihm, aß mit ihm, schlief bei ihm usw. Namdev beschwerte sich über diese Erniedrigung, die ihm, dem engsten Freund und Gefährten Vitt-hals, widerfahren war. Vitthal, der natürlich alles bereits wusste, gab vor, mit ihm zu fühlen, und fragte, was genau in Goras Haus geschehen war. Als er alles gehört hatte, sagte er: »Warum hast du dich nicht still verhalten und es über dich ergehen lassen wie alle anderen? Des-halb bist du jetzt in Schwierigkeiten.« Daraufhin schrie Namdev noch lauter: »Du willst dich mit den anderen zusammentun und mich auch erniedrigen. Wieso hätte ich mich wie die anderen unterwerfen sol-len? Bin ich nicht dein engster Freund, dein Kind?« Vitthal sagte: »Du hast die Wahrheit noch nicht richtig verstanden und wirst sie auch nicht verstehen, wenn ich sie dir sage. Geh zu dem Heiligen, der in einem verfallenen Tempel im Wald lebt. Er wird dir Erleuchtung ge-ben können.«

Namdev ging dorthin und fand einen alten, bescheidenen Mann vor, der in einer Ecke des Tempels schlief und seine Füße auf ein *Shiva-lingam* gelegt hatte. Namdev konnte kaum glauben, dass dies der Mann sein sollte, von dem er, der Gefährte Vitthals, Erleuchtung er-langen sollte. Da jedoch niemand anderer in der Nähe war, ging er zu ihm hin und klatschte in die Hände. Der alte Mann erwachte sofort und sagte, als er Namdev sah: »Oh, du bist Namdev. Vitthal hat dich geschickt. Komm her!«

Namdev war verblüfft und dachte: »Er muss doch ein großer Mann sein.« Trotzdem war er der Meinung, dass kein Mensch, sei er auch noch so groß, seine Füße auf ein *lingam* legen sollte. Er sagte zu dem alten Mann: »Du scheinst eine große Persönlichkeit zu sein. Aber ist es recht, dass du deine Füße auf ein *lingam* legst?« Der alte Mann erwiderte:»Oh, liegen meine Füße auf einem *lingam*? Wo ist es? Bitte lege sie anderswohin.«

Namdev legte die Füße des alten Mannes an verschiedene Stellen, doch wo immer er sie auch hinlegte, dort entstand ein *Shiva-lingam*. Schließlich legte er sie sich in den Schoß. Da wurde er selbst zu einem *Shiva-lingam*. Da erkannte er die Wahrheit, und der alte Herr sagte: »Jetzt kannst du zurückkehren.«

Es muss noch angemerkt werden, dass er erst als er sich hingegeben und die Füße des Gurus berührt hatte, die Erleuchtung erlangte. Nach dieser endgültigen Erleuchtung kehrte Namdev nach Hause zurück. Einige Tage ging er nicht zu Vitthal in den Tempel, obwohl er das normalerweise täglich tat und die meiste Zeit bei Vitthal im Tempel verbrachte. Daher kam Vitthal einige Tage später zu ihm und fragte unschuldig, wie er ihn hätte vergessen können und wieso er nicht mehr in den Tempel käme. Namdev erwiderte:»Du kannst mich nicht länger täuschen. Ich weiß jetzt Bescheid. An welchem Ort bist du nicht! Muss ich in den Tempel gehen, um bei dir zu sein? Existiere ich denn getrennt von dir?« Da sagte Vitthal:»Also verstehst du jetzt die Wahrheit. Deshalb habe ich dich für diese letzte Lektion wegge-schickt.«

(Talk 389; Nagamma: Briefe; 25.8.1946, Mudaliar: Tagebuch, 7.12.1945)

Nakkirar[17] vollzog an einem Tempelteich (*tirtha*) geistliche Übungen der Entsagung (*tapas*). Da fiel ein Blatt von einem Baum. Die eine Hälfte des Blattes lag auf dem Wasser und die andere auf der Erde. Plötzlich wurde aus der Hälfte, die im Wasser lag, ein Fisch, und aus der Hälfte, die auf der Erde lag, ein Vogel. Beide waren durch das Blatt miteinander verbunden und bemühten sich verzweifelt, ins jeweils eigene Element zu gelangen. Nakkirar beobachtete das verwundert. Plötzlich kam ein Geist von oben auf ihn nieder und trug ihn zu einer Höhle, in der bereits 999 Gefangene waren. Sie alle waren Asketen, die sich von ihren geistigen Übungen (*tapas*) hatten ablenken lassen (*tapo bhrashta*).

F.: »*War Nakkirar ein tapo bhrashta?*«

M.: »*Ja. Warum hat er sich während seiner Meditation von diesem merkwürdigen Vorfall ablenken lassen? Nakkirar dichtete in der Höhle das Tirumurukatruppadai und erwirkte dadurch die Befreiung der tausend Gefangenen.*«

(Talk 334)

---

[17] ein mittelalterlicher Tamil-Dichter aus Madurai

Bhagavan erzählte folgende Geschichte, um den Unterschied zwischen der Stille des Geistes (manolaya) und seiner Zerstörung (manonasa) zu erklären:

Ein Yogi übte jahrelang am Ufer des Ganges Askese (*tapas*). Als er eine hohe Konzentration erreicht hatte, glaubte er, er müsse nur lange Zeit in diesem Zustand bleiben, um Erlösung zu erlangen, und übte deshalb immer weiter. Eines Tages war er durstig, bevor er in *samadhi* (in den Zustand tiefster Konzentration) fiel, und bat seinen Schüler, ihm Wasser vom Ganges zu bringen. Aber bevor der Schüler noch mit dem Wasser zurückkehrte, war er bereits in *samadhi* versunken und blieb jahrelang in diesem Zustand. Als er erwachte, war das erste, was er sagte: »Wasser, Wasser!«, aber sein Schüler war nicht mehr da, und der Ganges war aus seinem Blickfeld verschwunden.

Er fragte zuerst nach Wasser, weil das der wichtigste Gedanke gewesen war, bevor er in *samadhi* eingegangen ist. Mag seine Konzentration noch so tief gewesen sein und noch so lang gedauert haben, so konnte er dadurch doch seinen Geist nur zeitweise einlullen. Als er wieder sein Bewusstsein erlangte, kam sein wichtigster Gedanke so schnell und machtvoll zum Vorschein wie die Flut, die durch einen Damm bricht. Wenn das bei einem Gedanken der Fall ist, den man hat, bevor man sich zur Meditation niedersetzt, werden auch andere eingewurzelte Gedanken, die man früher hatte, nicht vernichtet. Wenn die Vernichtung der Gedanken die Erlösung bedeutet, kann man dann von diesem Yogi sagen, er sei erlöst?

Die Moral von dieser Geschichte ist, dass man sich nicht durch den Zauber einer momentanen Gedankenstille blenden lassen darf, sondern die Ergründung aufrechterhalten muss, bis das letzte *vasana* ausgemerzt worden ist.

(Swarnagiri: Erfahrungen, S. 40f)

Eines Tages flocht der Weise Pakanar vor seinem Haus einen Korb. Da hörte er eine laute Stimme, die »Hare Ram« wiederholte. Er fragte seine Schwester, wer da sänge. Sie antwortete, es sei ein Brahmane, der mit seiner eigenen Tochter lebe. Panakar antwortete: »Du bist die hundertste Person, die diesen Skandal erwähnt.«

Inzwischen war der Brahmane herbeigekommen. Der Weise sagte zu ihm, dass der Fluch, der auf ihm läge, aufgehoben worden sei und er nach Hause gehen könne.

Später erklärte er seiner Schwester folgendes: »Dieser Brahmane hat mit seiner verwitweten Tochter gelebt. Sie waren freigiebig und freundlich. Sie luden *sadhus* ein und gaben ihnen mit Liebe zu essen. Ein *sadhu* hatte von ihrer Freigiebigkeit gehört und kam sie besuchen. Er wurde gut aufgenommen und erhielt zu essen. Der *sadhu* war von ihrer Hingabe sehr angetan, beschloss, sie zu segnen, und warf einen kurzen Blick auf das Schicksal, das sie nach ihrem Tod erwartete. Er rief den Brahmanen herbei und sagte ihm, dass er nach seinem Tod in der Hölle von einem Berg von Blutegeln gequält werden würde. Als der Brahmane das hörte, fiel er dem *sadhu* erschrocken zu Füßen und flehte ihn an, ihm zu sagen, wie er dem entkommen könne.

Der *sadhu* sagte: »Einmal ist beim Kochen ein Blutegel vom Dach in deinen Kochtopf gefallen und dort verendet. Du hast es nicht bemerkt und hast das Essen einem verwirklichten Weisen angeboten. Was aber einem Weisen gegeben wird, kommt tausendfach auf den Geber zurück. Deshalb ist ein Berg von Blutegeln dein Schicksal.«

Der *sadhu* wies den Brahmanen an, er könne diesem Schicksal dadurch entrinnen, indem er sich seiner erwachsenen, verwitweten Tochter gegenüber auf solche Weise benähme, als habe er mit ihr ein unerlaubtes Verhältnis, sodass es einen Skandal heraufbeschwören würde. Er versicherte ihm: »Wenn hundert Personen den Skandal erwähnt haben, werden sich deine Sünde unter denen, die den Skandal verbreitet haben, verteilen und dich völlig verlassen.«

Der Brahmane hat es so gemacht, und du bist die hundertste Person, die den Skandal erwähnt. Damit ist der Fluch für den Brahmanen beseitigt.

Sri Bhagavan zog aus der Geschichte folgende Moral: Hab die besten Absichten, aber handle so, dass du kein Lob erntest, sondern Tadel. Widerstehe der Versuchung, dich zu rechtfertigen, selbst wenn das Recht auf deiner Seite steht.

Kabir[18] war ein großer Gottverehrer (*bhakta*). Er lebte vor einigen Jahrhunderten in oder in der Nähe von Benares. Obwohl er okkulte Kräfte (*siddhis*) besaß, verdiente er seinen Lebensunterhalt mit Weben. Als er eines Tages an seinem Webstuhl arbeitete, kam ein Schüler herein und sagte ganz aufgeregt: »Herr, draußen ist ein Gaukler. Er lässt seinen Stab in der Luft stehen und zieht dadurch eine große Menschenmenge an.«

Kabir, der wie alle wahrhaften Heiligen Zauberkünste missbilligte, wollte den Gaukler beschämen. Er eilte mit einem großen Ballen Garn nach draußen. Als er den langen Bambus in der Luft stehen sah, warf er seinen Ballen Garn in die Luft. Der Faden wickelte sich in voller Länge auf, stand steif mitten in der Luft und erreichte eine viel größere Höhe als der Stab des Gauklers. Der Gaukler und die Zuschauer waren verblüfft.

Sri Bhagavans Augen drückten Verblüffung aus, während er seine Hand weit nach oben über seinen Kopf hielt wie Kabir, als er den Ballen nach oben warf.

---

[18] Kabir war ein mystischer Poet im 15. Jh., dessen Schriften die *bhakti*-Bewegung sehr beeinflussten.

Ein Devotee fragte: »Kann man sagen, dass der Punkt zwischen den Augenbrauen der Sitz des Selbst ist?«

Bhagavan erwiderte: »Ein sadhaka kann in jedem Zentrum oder chakra, auf das er sich konzentriert, diese Erfahrung machen. Aber dieser Ort wird dadurch nicht zum Sitz des Selbst. Es gibt eine interessante Geschichte über Kamal, Kabirs Sohn, die deutlich macht, dass der Kopf (und der Punkt zwischen den Augenbrauen) nicht als der Sitz des Selbst betrachtet werden kann.«

Kabir war Sri *Rama* sehr ergeben und versäumte es nie, jene zu speisen, die das Lob des Herrn mit Hingabe sangen. Einmal jedoch hatte er nicht das Nötige, um eine große Versammlung von Devotees zu verköstigen. Für ihn gab es jedoch keine Alternative. Irgendwie musste er bis zum nächsten Morgen das Nötige beschaffen. Also machten er und sein Sohn sich in der Nacht auf den Weg, um die nötigen Lebensmittel zu besorgen.

Sie stahlen die Vorräte im Haus eines Händlers, die sie durch ein Loch herausschafften, das sie in die Wand gemacht hatten. Als das erledigt war, ging der Sohn noch einmal hinein, um die Leute aufzuwecken und ihnen zu sagen, dass bei ihnen eingebrochen worden war. Als die Leute wach waren, versuchte der Junge, durch das Loch zu entkommen, um seinen Vater auf der anderen Seite zu treffen. Da blieb er in der Öffnung stecken. Um zu vermeiden, dass man ihn erkannte und es dann keine Speisung der Devotees am nächsten Tag geben würde, rief er seinen Vater herbei und bat ihn, seinen Kopf abzutrennen und mitzunehmen. Kabir tat das und flüchtete mit den gestohlenen Nahrungsmitteln und dem Kopf seines Sohnes, den er zuhause versteckte, damit er nicht entdeckt werden konnte.

Am nächsten Tag richtete Kabir das Fest für die *bhaktas* aus, ohne sich um das Vorkommnis der vergangenen Nacht zu kümmern. »Wenn es *Ramas* Wille ist, dass mein Sohn stirbt, so möge es geschehen«, sagte er zu sich selbst. Am Abend nach dem Fest ging Kabir wie üblich mit den Devotees *bhajans* singend durch die Stadt.

In der Zwischenzeit hatten die Leute aus dem ausgeraubten Haus des Händlers den Vorfall dem König gemeldet und den kopflosen Körper

Kamals, den sie nicht identifizieren konnten, aus dem Loch herausgezogen. Um seine Identität zu klären, befahl der König, den Körper öffentlich auf der Hauptstraße aufzuhängen. Jeder, der nach ihm verlangen würde oder ihn mitnehmen wollte – denn keinem Leichnam dürfen von den Verwandten die letzten Riten verweigert werden – sollte von der Polizei, die heimlich in der Nähe Posten bezogen hatte, verhört und gefangen genommen werden.

Kabir und die Gruppe Devotees kamen *bhajans* singend die Hauptstraße entlang, als zu ihrer Verwunderung Kamals kopflose Köper – den alle für mausetot hielten – den Takt dazu schlug.

Diese Geschichte beweist, dass der Kopf oder der Punkt zwischen den Augenbrauen nicht der Sitz des Selbst ist. Auch wenn einem Soldaten auf dem Schlachtfeld durch den machtvollen Hieb eines Schwertes der Kopf abgetrennt wird, läuft der Körper noch einige Zeit weiter und bewegt seine Gliedmaßen, als würde er noch kämpfen, bis er schließlich tot zu Boden fällt.

Ein Devotee widersprach: »Aber Kamals Körper war schon stundenlang tot.«

Bhagavan: »Was du Tod nennst, war für Kamal kein ungewöhnliches Erlebnis. Es gibt noch eine andere Geschichte, die sich ereignete, als er noch viel jünger war.«

Als Junge hatte Kamal einen gleichaltrigen Freund, mit dem er Murmeln spielte. Sie hatten sich zur Regel gemacht, dass wenn einer dem anderen ein oder zwei Spiele schuldete, es am nächsten Tag ausgetragen werden sollte. Eines Abends trennten sie sich mit einem Spiel zugunsten Kamals. Am nächsten Tag ging Kamal zum Haus des Jungen, um sein Rückspiel einzufordern. Da sah er den Jungen tot auf dem Boden der Veranda liegen, umgeben von Verwandten, die um ihn weinten. »Was ist los?«, fragte Kamal. »Er hat erst letzten Abend mit mir gespielt und schuldet mir noch ein Spiel.« Die Verwandten weinten noch mehr und sagten ihm, dass der Junge tot sei. »Nein, er ist nicht tot. Er tut nur so«, erwiderte Kamal. »Er will mir nur ausweichen, weil er mir ein Spiel schuldet.« Die Verwandten widersprachen ihm und sagten, er solle doch selbst nachsehen, dass der Junge wirklich tot und sein Körper kalt und steif sei.

Kamal entgegnete: »Er tut nur so, ich weiß das. Was macht es schon aus, wenn der Körper kalt und steif ist? Ich kann das auch.« Kamal legte sich hin und war im Handumdrehen tot.

Die armen Verwandten, die bis jetzt über den Tod ihres eigenen Jungen geweint hatten, waren verzweifelt und bestürzt und weinten nun auch über Kamals Tod. Aber da stand er auch schon auf und sagte: »Seht ihr! Ich war ›tot‹, wie ihr es nennt, aber ich bin wieder auf den Beinen und lebe. Er will mich nur täuschen, aber das gelingt ihm nicht.«

Am Ende der Geschichte machte Kamals natürliche Heiligkeit den toten Jungen wieder lebendig, und Kamal erhielt sein Rückspiel.

Die Moral von der Geschichte ist, dass der Tod des Körpers nicht die Vernichtung des Selbst bedeutet. Das Selbst wird nicht durch Geburt und Tod begrenzt. Sein Platz im physischen Körper kann nicht durch eine Empfindung, die man an einer bestimmten Körperstelle hat, beschrieben werden, wie etwa dem Punkt zwischen den Augenbrauen, wenn man sich darauf konzentriert. Der höchste Zustand von Selbst-Gewahrsein ist nie abwesend. Er überschreitet die drei Zustände des Geistes [Wachen, Traum und Tiefschlaf] sowie Leben und Tod.

Indra näherte sich Ahalya, der Frau Gautamas, indem er die Gestalt Gautamas annahm, und sie gab sich ihm hin ohne zu wissen, dass er nicht ihr Gemahl war. Ohne sie nach der Wahrheit zu fragen, verfluchte Gautama sie, und sie wurde zu einem Stein. Ahalya ärgerte sich und sagte: »Oh, du Dummkopf von einem Weisen! Ohne nach der Wahrheit gefragt zu haben hast du mich verflucht, und du hast nicht einmal einen Zeitpunkt festgelegt, wann ich von diesem Fluch wieder erlöst sein soll. Sage mir, wie und wann wird der Fluch enden? Warum tust du nicht einmal das für mich?«

Gautama erwiderte ihr, dass sie von dem Fluch befreit wäre, wenn der Staub der Füße des *avatars* Rama auf sie fallen würde. Dann wurde sie zu einem Stein.

Gautama ging fort und versuchte, seinen von Riten geprägten Tagesablauf wieder aufzunehmen. Aber es war ihm nicht möglich, denn er fand keinen Frieden. Er versuchte sein Bestes, konnte aber seinen Geist nicht kontrollieren und wurde immer aufgewühlter. Als er darüber nachdachte, kam es ihm zum Bewusstsein, dass er seine Frau Ahalya verflucht hatte, ohne zu fragen, was genau geschehen war, und er erinnerte sich auch daran, dass sie ihn im Gegenzug ebenfalls verflucht hatte, indem sie gesagt hatte: »Du Dummkopf von einem Weisen!« Trotz allem war sie eine große Asketin (*tapasvini*). Deshalb mussten ihre ungewöhnlichen Worte wie ein unaufhaltsamer Fluch auf ihm liegen. Da entschied er sich, *Ishwara* um Hilfe zu bitten und ihn als *Nataraja* tanzen zu sehen, um von dem Fluch befreit zu werden. Also ging er nach Chidambaram. Dort hörte er eine Stimme sagen: »Ich werde dir gern meinen Tanz in Trisulapura (Tiruchuli)[19] vorführen.«

Gautama verließ sofort den Ort und ging zu Fuß nach Trisulapura. Als er den Ort aus der Ferne sah, wurde sein Geist klar. Er blieb lange dort und übte *tapas*. Zuletzt war *Ishwara* mit ihm zufrieden und gab ihm im Monat Dhanus (etwa September), im Sternbild des Ardra, den *darshan* von seinem *Nataraja*-Tanz. Es wird berichtet, das Gautama zu jener Zeit unter einem Baum gelebt und *tapas* geübt habe. Nachdem er den Tanz *Ishwaras* gesehen hatte, verehrte er ihn und ging zu

---

[19] Tiruchuli ist der Geburtsort Ramanas.

seinem früheren Aufenthaltsort zurück. Dort vollzog er wie üblich seine Riten.

Später wurde Ahalya durch den Staub der Füße Sri *Ramas* gereinigt und erhielt wieder ihre normale Gestalt.

Devotee: »Dass Ahalya in einen Stein verwandelt wurde, betraf nur ihren Geist und nicht ihren Körper, nicht wahr?«

Bhagavan: »Ja. Wenn es nicht den Geist betreffen würde, wie könnte es dann den Körper betreffen? Die Leute sagen, dass ihr Körper zu einem Stein wurde und dass Rama ihre ursprüngliche Gestalt wiederhergestellt hat, indem er seinen Fuß auf den Stein stellte. Doch wie ist das möglich? Es bedeutet lediglich, dass sie stumpf wie ein Stein wurde, weil ihr Geist das Gewahrsein des Selbst verloren hatte und an nichts anderes mehr denken konnte. Aus dieser Stumpfheit wurde sie durch den darshan einer großen Persönlichkeit befreit. Da sie eine große Asketin war, konnte sie sofort des Selbst gewahr werden. Sie verehrte Sri Rama als die Verkörperung des Selbst. Diese Bedeutung kann man auch im Ramayana finden. In dem Augenblick, als Rama seinen Fuß in den Ashram Gautamas setzte, wurde der Geist Ahalyas in seinen ursprünglichen Zustand zurückversetzt. Es war wie das Erblühen einer Blume.«

Der Ashram hatte eine neue tamilische Übersetzung von Shankaras Atmabodha mit Kommentar erhalten. Nachdem Bhagavan sie sich angesehen hatte, ließ er sie in die Bibliothek bringen. Anscheinend war er mit der Übersetzung nicht einverstanden. Er ließ sich eine Ausgabe von Shakaras Atmabodha aus der Bibliothek bringen und las sie aufmerksam durch. Zwei Tage später übersetzte er zwei Verse davon ins Tamil und zeigte sie den Devotees. Sie freuten sich sehr darüber und baten ihn, das ganze Werk zu übersetzen. Obwohl Bhagavan fragte: »Wozu?«, schrieb er einige weitere Verse und meinte: »Obwohl ich eigentlich keine weiteren Verse schreiben will, kommt mir ein Vers nach dem anderen in den Sinn und steht vor mir. Was soll ich tun?«

Nach und nach entstanden die Verse, bis alles übersetzt war. Bhagavan sagte lächelnd zu Muruganar: »Wie kommt es, dass ich es so empfinde, als hätte ich sie bereits vorher gelesen? Kann es sein, dass sie bereits jemand anderer geschrieben hat?«

Muruganar antwortete: »Keiner hat sie im Venba-Versmaß geschrieben. Es ist erstaunlich, dass Bhagavan ein Vers nach dem anderen in den Sinn gekommen ist. Es heißt, dass die Veden in jedem Kalpa neu erstehen. Das ist so etwas Ähnliches.«

Jayadevas[20] Geschichte ist im Panduranga Bhakta Vijayam zu finden. Nachdem Jayadeva das Gita Govindam geschrieben hatte, schrieb er das Bhagavatam in Sanskrit. Als König Krauncha davon hörte, bat er Jayadeva darum, sein Gita Govindam in der königlichen Halle vorzulesen, und Jayadeva tat es. Die Zuhörer waren von seiner Schrift und seinen Diskursen so beeindruckt, dass er überall berühmt wurde und zahlreiche Menschen kamen, um ihn zu hören.

Sein Ruhm hatte sogar den Herrn Jagannatha (Herr des Universums), die Hauptgottheit von Puri erreicht, sodass er ihn hören wollte. Er verkleidete sich als Brahmane und betrat während des Vortrags die königliche Halle. Nachdem er den König gesegnet hatte, sagte er: »Herr, ich wohne in Gokula Brindavan. Ich bin ein Gelehrter und in den heiligen Schriften (*sastras*) bewandert. Ich habe überall in der Welt nach jemandem gesucht, mit dem ich auf Augenhöhe über die

---

[20] Jayadeva war ein Sanskrit-Dichter um 1200.

heiligen Schriften diskutieren kann, habe aber bisher keinen gefunden. Ich möchte diskutieren. Ich habe erfahren, dass Jayadeva bei dir ist und bin deshalb hergekommen. Wo ist er?«

Als die Leute ihm Jayadeva zeigten, meinte er herablassend: »Du bist also Jayadeva. Wir wollen sehen. Wir wollen über eine Schrift, die du studiert hast, diskutieren.« Dabei sah er ihn stetig an und fragte: »Was hast du da in der Hand?« Ohne auf eine Antwort zu warten, griff er nach dem Buch und sagte: »Oho! Das ist ja das Bhagavatam. Du gibst also Diskurse über die *Puranas*? Wer hat das geschrieben?«

Ängstlich und demütig sagte Jayadeva: »Herr, ich bin kein Gelehrter und kann nicht mit dir diskutieren. Ich suche demütig den Segen der Älteren, wie du einer bist. Obwohl ich mich fast nicht getraue, dir zu sagen, dass ich dieses Buch geschrieben habe, so will ich dennoch nicht lügen. Ich gebe zu, dass ich der Verfasser bin.«

Der Brahmane tat überrascht und sagte: »Was! Wenn du es geschrieben hast, wie kommt es dann, dass ich seinen ganzen Inhalt auswendig kenne?« Ohne das Buch zu öffnen begann er, den Inhalt flüssig vorzutragen, Kapitel für Kapitel. Der König und die Zuhörer waren verblüfft. Da erkannte Jayadeva, dass der Herr Jagannatha selbst in dieser Gestalt zu ihm gekommen war, um ihn zu segnen. Jayavada bat ihn, seine wahre Gestalt (als *Vishnu* mit der Muschelschale, dem Zepter und der Wurfscheibe) zu enthüllen. Den Herrn Jagannatha erfreuten die Gebete, und er zeigte sich in seinen verschiedenen Gestalten, die Jayadeva in seinen Versen beschrieben hat, segnete ihn und verschwand.

Als einer der Devotees die Verse hörte, die Bhagavan über die Befreiung der Kuh Lakshmi geschrieben hatte, ging er zu ihm hin und fragte: »Swami, wir sehen, dass Tiere und Vögel in deiner Gegenwart Erlösung finden. Aber können nicht nur Menschen Befreiung (moksha) erlangen?«

»Warum? Es gibt die Geschichte von einem großen Heiligen, der einen Dornenstrauch befreite«, antwortete Bhagavan lächelnd.

Der Devotee wollte wissen, wer der große Heilige war und die Geschichte vom Dornenstrauch hören.

In Chidambaram lebte ein *jnani* namens Umapathi Sivacharya. Er war ein Dichter und Gelehrter. Da er sich in einem transzendenten Zustand befand, kümmerte er sich kaum um die üblichen brahmanischen Praktiken. Das ärgerte die Tempelpriester von Chidambaram, besonders da er ein Gelehrter war und alle Vorschriften des Hinduismus kannte. Sie verboten ihm, im Dorf zu leben und den Tempel zu besuchen. Deshalb lebte er in einer kleinen Hütte außerhalb. Ein Mann der niederen Kaste namens Pethan Samban besorgte ihm alles, was er brauchte, und diente ihm.

Eines Tages trug Pethan ein Bündel Feuerholz auf seinem Kopf zur Hütte, als er *Ishwara* begegnete, der die Gestalt eines Tempelpriesters angenommen hatte. *Ishwara* schrieb einen Vers auf ein Palmblatt und gab es ihm mit der Anweisung, es Umapathi Sivacharya auszuhändigen. Dann verschwand er.

Pethan gab Sivacharya das Palmblatt. Die erste Zeile lautete: »Adiyarkkadiyen Chitrambalavanan (vom Diener der Devotees, dem Herrn von Chidambaram).« Als er das las, wurde er von Hingabe überwältigt und erschauerte. Die volle Nachricht lautete: »Eine Nachricht vom Diener der Devotees, dem Herr von Chidambaram, an Sivacharya: Es ist deine Pflicht, Pethan Samban ungeachtet seiner Kaste in *sannyasa* einzuweihen, was alle Leute verwundern wird.«

Als er die Nachricht las, wurde er von Freude überwältigt. Der Anordnungen des Herrn gehorchend weihte er Pethan als *sannyasin* ein, obwohl er der niedersten Kaste angehörte. Zur gegebenen Zeit gab er ihm *nayana diksha*, die Übertragung der Kraft durch die Augen, woraufhin Pethan sofort ins heilige Licht einging. Sivacharya war völlig überrascht und verstand erst jetzt, wie weise Pethan war.

Die Feinde Sivacharyas bemerkten, dass er Einweihungsriten vollzogen hatte, und klagten ihn beim König an: Sivacharya habe Pethan aufgrund eines Fehlers, der ihm unterlaufen sei, verbrannt.

Als der König mit seiner Gefolgschaft kam, um den Vorwurf zu untersuchen, zeigte Sivacharya ihm die Verse des Herrn *Nataraja* und sagte, er habe Pethan eingeweiht, woraufhin er sofort im göttlichen Licht (*jyoti*) verschwunden sei. Der König war überrascht und fragte Sivacharya, ob er auch den Dornenstrauch in der Nähe einweihen und ihm Erlösung geben könne. »Ja, zweifelsohne«, antwortete Sivacharya, gab dem Dornbusch *nayana diksha*, und auch er verschwand sofort im reinen Licht. Der König staunte noch mehr und meinte: »Das sieht nach schwarzer Magie aus. Du behauptest, dass der Herr *Nataraja* diese Notiz geschrieben hat. Wir wollen zu ihm gehen und ihn fragen.« Sivacharya erklärte, dass er den Tempel nicht betreten dürfe, doch der König meinte, das spiele keine Rolle, da er ihn selbst begleiten würde. Zusammen gingen sie zum Tempel. Als die Gelehrten und das gewöhnliche Volk davon hörten, waren sie neugierig und kamen ebenfalls zum Tempel. Auch Sivacharyas Feinde, die davon überzeugt waren, dass er ordnungsgemäß bestraft werden würde, stellten sich ein.

Die beiden betraten den Tempel. Als die Priester für den König *Nataraja* zu Ehren die Lichter schwenkten (*arathi*), standen plötzlich Pethan und der Dornbusch neben *Nataraja*. Die Gelehrten waren überrascht, fielen Sivacharya furchtsam und reuevoll zu Füßen und baten ihn um Verzeihung. Dann begleiteten sie ihn mit allen Ehren ins Dorf.

(Nagamma: Letters and Recollections, 21.7.1948)

Thondaradipodi (Bhaktanghrirenu) Alwar[21] bewirtschaftete ein Stück Land, auf dem er *tulasi*, den heiligen Basilikum, anbaute. Er machte daraus Girlanden für die Tempelgottheit. Er blieb unverheiratet und wurde für seine vorbildliche Lebensweise hochgeachtet.

Eines Tages kamen zwei Schwestern, die von der Prostitution lebten, an seinem Garten vorbei und setzten sich unter einen Baum. Eine von ihnen sagte: »Wie mich mein Leben anekelt! Täglich muss ich meinen Körper und Geist beschmutzen. Was führt doch dieser Mann für ein respektables Leben!« Die andere Schwester erwiderte: »Du kennst ihn ja gar nicht. Vielleicht ist er nicht so gut, wie er zu sein scheint. Vielleicht unterdrückt er die körperlichen Funktionen gewaltsam, und sein Geist schwelgt in zügellosen Gedanken. Man kann seine *vasanas* nicht so leicht kontrollieren wie den Körper.« Die erste Schwester meinte: »Man kann von den Taten eines Menschen auf seinen Geist schließen. Sein Leben zeigt, dass sein Geist rein ist.« Die andere Schwester: »Nicht unbedingt. Sein Geist ist bislang nicht in Versuchung geführt worden.«

Da forderte die erste Schwester die andere auf, ihn auf die Probe zu stellen. Sie willigte ein und verlangte, mit nur einem Fetzen Stoff bekleidet allein zurückzubleiben. Die erste Schwester ging nach Hause und ließ die andere in ihrer spärlichen Bekleidung zurück. Diese blieb unter dem Baum sitzen und gab sich ein demütiges und bußfertiges Erscheinen. Der Heilige bemerkte sie und ging nach einiger Zeit zu ihr hin. Er fragte, was mit ihr geschehen sei, dass sie so niedergeschlagen sei. Sie erzählte ihm von ihrem vergangenen Leben, wie sehr sie es bereue und ein reineres und edleres Leben führen wolle. Sie schloss mit der flehentlichen Bitte, ihm im Garten oder auf andere Weise zu Diensten sein zu dürfen. Er riet ihr, nach Hause zu gehen und ein normales Leben zu führen, aber sie blieb beharrlich. Also beauftragte er sie schließlich, die *tulasi*-Pflanzen zu gießen. Sie nahm das Angebot dankbar an und begann, im Garten zu arbeiten.

In einer regnerischen Nacht stand sie triefend nass und vor Kälte zitternd unter dem Dachvorsprung seiner strohbedeckten Hütte. Der Meister fragte sie, warum sie in einem solch jämmerlichen Zustand

---

[21] Thondaradipodi war ein Heiliger, der *Vishnu* verehrte (5.-9.Jh.).

sei. Sie erzählte ihm, dass es in ihre Hütte hineinregne und sie deshalb unter seinem Dachvorsprung Schutz gesucht habe, dass sie aber sofort heimkehren würde, wenn es zu regnen aufgehört habe. Er bat sie herein und forderte sie später dazu auf, die nassen Kleider abzulegen. Sie hatte aber nichts Trockenes anzuziehen. Also bot er ihr eines seiner eigenen Gewänder an. Sie zog es an und bat ihn etwas später um Erlaubnis, seine Füße massieren zu dürfen. Er willigte ein, und schließlich lagen sie sich in den Armen.

Am nächsten Tag ging sie nach Hause zurück, aß und trank, wie sie es gewohnt war, und trug wieder schöne Kleider. Sie arbeitete weiterhin im Garten. Manchmal blieb sie lange Zuhause. Dann besuchte sie der Mann, und schließlich lebten sie zusammen. Trotzdem vernachlässigte er seinen Garten nicht und brachte weiterhin täglich der Gottheit Girlanden.

Sein veränderter Lebenswandel wurde zu einem öffentlichen Skandal. Da beschloss Gott, ihn wieder auf seinen alten Weg zurückzubringen, und nahm seine Gestalt an. Er ging zu der Prostituierten (*dasi*) und gab ihr heimlich ein wertvolles Geschenk: den kostbaren Fußreif der Götterstatue im Tempel. Sie freute sich sehr darüber und verbarg ihn unter ihrem Kopfkissen. Dann verschwand er. Das alles wurde von einer Dienerin des Hauses heimlich beobachtet.

Als man das Schmuckstück im Tempel vermisste, wurde der Vorfall der Obrigkeit gemeldet und für denjenigen, der Hinweise zu seinem Auffinden geben konnte, eine hohe Belohnung ausgesetzt. Die Dienerin ließ sich die Belohnung nicht entgehen und gab den entscheidenden Hinweis. Daraufhin wurde das Schmuckstück bei der Prostituierten entdeckt, und sie wurde verhaftet. Sie gestand, es von dem frommen Mann erhalten zu haben. Er wurde festgenommen und grob behandelt. Da sagte eine übernatürliche Stimme: »Ich habe es getan. Lasst ihn in Ruhe.«

Der König und alle Anwesenden waren überrascht. Sie fielen vor dem frommen Mann nieder und ließen ihn frei. Er führte fortan wieder ein besseres und untadeliges Leben.

(Talk 449)

Als der Dämon (*asura*) Prahlada[22] in *samadhi* versunken war, dachte *Vishnu* bei sich: »Dieser Dämon ist jetzt in *samadhi*, und somit geben auch alle anderen Dämonen Ruhe. Es gibt keinen Krieg mehr, kein Kräftemessen, kein Streben nach Macht und auch keine Möglichkeit, Macht zu gewinnen. Deshalb gibt es auch keine rituellen Opferhandlungen (*yaga*, *yajna*) mehr, das heißt, die Götter können nicht wirken. Es gibt keine neue Schöpfung. Ja nicht einmal das, was existiert, hat noch seine Berechtigung. Also werde ich Prahlada aufwecken. Dann werden sich auch die Dämonen (*asuras*) wieder erheben. Sie werden erneut ihre Aufgabe erfüllen, und die Götter werden sie herausfordern. Beide werden sich bemühen, wieder mächtig zu werden, und Mittel dazu finden. Es gibt wieder Opferhandlungen, und die Götter werden erfolgreich sein. Es wird immer mehr Schöpfung geben, immer mehr Krieg, und ich werde genügend zu tun haben.«

Also weckte *Vishnu* Prahlada auf, gewährte ihm ewiges Leben und machte ihn zu einem zu Lebzeiten Befreiten (*jivanmukti*). Der Krieg zwischen Göttern und Dämonen wurde wieder aufgenommen, die alte Ordnung wiederhergestellt, und das Universum machte mit seinem ewigen Spiel weiter.«

F.: »*Wie konnte Gott das Dämonische erwecken und dadurch ewigen Krieg heraufbeschwören? Ist das Wesen Gottes nicht reines Gutsein?*«

M.: »*Gutsein ist nur relativ. Gut beinhaltet stets auch schlecht. Beides existiert immer zusammen. Das eine ist das Gegenteil des anderen.*«

(Talk 326)

---

[22] Prahlada war in eine atheistische Dämonenfamilie geboren worden. Gegen den Widerstand seines Vaters wurde er ein großer *Vishnu*-Verehrer.

Gestern Nachmittag las Bhagavan im Yoga Vashishta. Da begann ein Gelehrter ein Gespräch über dieses Buch und fragte: »Swami, gibt es nicht verschiedene Bindungen, die die Verwirklichung verhindern?«

Bhagavan: »Ja, es sind die Bindungen der Vergangenheit, der Zukunft und der Gegenwart. Über die vergangenen Bindungen gibt es in den Upanishaden und auch im Vasudeva Mananam eine Geschichte.«

Ein Brahmane mit einer großen Familie kaufte sich einen Büffel. Er unterhielt seine Familie, indem er Milch, Quark, Ghee usw. verkaufte. Den ganzen Tag war er damit beschäftigt, Futter, Gras und Baumwollsamen für den Büffel zu besorgen und das Tier zu füttern. Als seine Frau und seine Kinder nacheinander starben, richtete er seine ganze Liebe auf den Büffel, aber nach einer Weile starb auch er. Alleine und des Familienlebens überdrüssig nahm er *sannyasa*, sagte sich von der Welt los und übte zu Füßen eines Lehrers Gebet und Meditation.

Nach einigen Tagen rief der Guru ihn zu sich und fragte: »Du hast jetzt einige Tage lang spirituelle Übungen (*sadhana*) gemacht. Hilft es dir?« Da erzählte ihm der Brahmane seine Lebensgeschichte und erwiderte: »Swami, damals habe ich den Büffel vor allem deshalb geliebt, weil er meine Familie ernährt hat. Obwohl er schon lange tot ist, muss ich immer an ihn denken, wenn ich meditiere. Was soll ich tun?«

Der Guru wusste, dass es sich um eine Bindung aus der Vergangenheit handelte, und antwortete: »Mein lieber Freund, es heißt, dass *Brahman* allgegenwärtig (*asti*), strahlend (*bhati*) und Liebe (*priyam*) ist. Der Büffel war ein Objekt deiner Liebe, aber er ist auch *Brahman*. Er trägt einen Namen und hat eine Form. Du solltest deshalb deinen eigenen Namen und deine eigene Form aufgeben wie auch die des Büffels. Wenn du das tust, ist das, was übrig bleibt, *Brahman*. Gib Namen und Formen auf und meditiere.‹

Der Brahmane meditierte, gab beides auf und erlangte die Verwirklichung (*jnana*).

Bhagavan: »Name und Form sind Bindungen der Vergangenheit. Tatsache ist, dass das, was IST, nur eines ist. Es ist allgegenwärtig und universal. Wir sagen: ›Da ist ein Tisch, dort ist ein Vogel‹ oder: ›Da ist ein Mensch.‹ Es ist nur ein Unterschied in Namen und Formen, aber DAS, was IST, ist überall und zu allen Zeiten gegenwärtig. Das nennt man asti (allgegenwärtig).

Wenn man sagt, dass etwas existiert, muss es jemanden geben, der es wahrnimmt – einen Sehenden. Diese Intelligenz, die sehen kann, nennt man bhati (Bewusstsein). Es muss jemanden geben, der sagt: ›Ich sehe es, ich höre es, ich will es.‹ Das ist priyam (Liebe). Diese drei sind die Attribute der Natur – das natürliche Selbst. Man nennt sie auch Sein-Bewusstsein-Seligkeit (sat-chit-ananda).«

(Nagamma: Briefe, 25.9.1947)

Die Festlichkeiten einer Hindu-Hochzeit dauern fünf oder sechs Tage. Einmal mischte sich ein Fremder unter die Gäste. Die Verwandten der Braut hielten ihn irrtümlich für einen Freund des Bräutigams und behandelten ihn deshalb äußerst zuvorkommend. Als das die Verwandten des Bräutigams bemerkten, hielten sie ihn für einen besonders wichtigen Mann der Verwandten der Braut und zollten ihm deshalb ebenfalls besonderen Respekt. Der Fremde verbrachte eine angenehme Zeit, doch er war sich stets seiner wirklichen Situation bewusst. Dann wollten die Verwandten des Bräutigams ihn sprechen. Er ahnte Schlimmes und suchte das Weite.

So ist es auch mit dem Ego. Sucht man es, verschwindet es. Sucht man es nicht, macht es weiterhin Schwierigkeiten.

(Talk 612)

Suri Nagamma: »Als ich heute Nachmittag zu Bhagavan ging, sang jemand das Lied ›Gurupada Mahima‹ (die Heiligkeit der Füße des Gurus). Nach dem Singen sah Bhagavan mich an und sagte: »Diese Lieder stammen von Tattuvaraya. Du hast die Lieder über die Heiligkeit der Füße des Gurus schon einmal gehört, nicht wahr?«

»Ja,« erwiderte ich. »Da diese Lieder eine tiefe Bedeutung haben, dachte ich, eine große Persönlichkeit müsse sie geschrieben haben.«

»Dazu gibt es eine Geschichte«, erwiderte Bhagavan.

Tattuvarayar und Swarupanandar beschlossen, jeder für sich, einen *Sat-Guru* zu suchen. Sie vereinbarten, dass derjenige, der zuerst fündig werden würde, ihn dem anderen bekannt machen sollte. Doch so sehr Tattuvarayar auch suchte, er konnte keinen *Sat-Guru* finden.

Swarupanandar war Tattuvarayars Onkel und bereits älter. Er suchte eine Weile, wurde dann dessen überdrüssig und blieb an einem Ort. Da er spürte, dass er nicht weitersuchen konnte, betete er zum Herrn: »Oh *Ishwara*, ich kann nicht länger umherwandern. Du selbst musst mir einen *Sat-Guru* schicken.«

Nachdem er die Last auf den Herrn gelegt hatte, setzte er sich schweigend hin. Durch Gottes Gnade kam ein *Sat-Guru* zu ihm und lehrte ihn Selbstverwirklichung. Seine Lehre ist der Inhalt des Liedes ›Tatva Saram‹. Dieses Buch wurde mit einem Kommentar veröffentlicht und wurde sehr bekannt. Der Onkel und sein Neffe konnten die Lehre aber nicht in die Praxis umsetzen, da der Guru bald darauf starb. Da gab der Onkel seinem Neffen *upadesa*. Er schrieb nur dieses eine Buch, aber sein Neffe dichtete unzählige Lieder, wie auch ›Gurupada Mahimha‹.[23]

(Nagamma: Letters and Recollections, 8.4.1948)

---

[23] In Talk 648 sagte Sri Ramana, dass *Tattuvaraya* (14./15. Jh.) der erste gewesen sei, der die *Advaita*-Philosophie ins Tamil übertragen habe. *Tattuvaraya* schrieb: »Die Erde ist mein Bett, meine Hände dienen mir als Teller, und ich habe mein Leinengewand. Mehr brauche ich nicht.«

Shiva und Ganesha

BRAHMA, VISHNU UND SHIVA

In den Hindu-Schriften gibt es viele Geschichten über die drei Götter *Brahma*, *Vishnu* und *Shiva*. Obwohl diese Geschichten unterhaltsam und aufschlussreich sind, gab Sri Bhagavan ihnen eine tiefere Bedeutung. Er sagte: »*Shiva* ist das Sein, das alle Gestalten annimmt, sowie das Bewusstsein, sie zu sehen. Das bedeutet: *Shiva* ist der Hintergrund, der beidem, Subjekt und Objekt, zugrunde liegt. Alles hat sein Sein in *Shiva* und existiert aufgrund von *Shiva*.«

SCHWEIGEN IST DIE WAHRE UNTERWEISUNG (UPADESA)

Ein Devotee meinte, dass die großen Weisen der Vergangenheit viel gereist seien, um die Wahrheit zu verkünden und der ganzen Welt zu dienen. Wenn auch Bhagavan reisen würde, wäre das zum Nutzen vieler. Lächelnd antwortete Bhagavan, dass auch seine Sesshaftigkeit vielen nützen würde, und erzählte folgende Geschichte:

Der Schöpfergott *Brahma* verlor das Interesse an der Schöpfung und wollte ein Leben der Askese (*tapas*) führen. So erschuf er aus seinem Geist Sanaka, Sanatkumara, Sanandana und Sanatsujata, um ihnen mit der Zeit seine Aufgabe zu übergeben. Sie wuchsen auf und meisterten all Bereiche ihrer Studien. Da beschloss *Brahma*, ihnen seine Tätigkeit zu übertragen und sich zurückzuziehen.

Der Weise Narada erfuhr von der Absicht seines Vaters. Da er wusste, dass seine Brüder mitleidsvoll und bereit waren, in den Weg der Selbsterkenntnis eingeführt zu werden, beschloss er, sie vor *Brahmas* Absicht zu warnen. Die vier Brüder wollten den Weg des Handelns nicht beschreiten. Als sie davon hörten, gingen sie fort, ohne ihrem Vater Bescheid zu sagen, und machten sich auf die Suche nach einem Guru. Sie gingen zum Vaikunta, der Wohnstatt *Vishnus*. Dort sahen sie *Lakshmi*, die auf *Vishnus* Sofa saß und seine Füße massierte. Sie dachten: »Wie kann dieser Familienvater, der vom intimen Blick seiner Gemahlin gefesselt ist, uns helfen und die Erkenntnis des Selbst (*adhyatma-vidya*) lehren? Sieh nur diesen prachtvollen Palast und diese Stadt! Es reicht! Wir wollen die Hilfe des Herrn *Shiva* suchen.«

Der Herr *Shiva*, der zusammen mit seiner Familie auf dem Kailash wohnte, wusste bereits von ihrem Kommen und verstand ihre Notlage. Er war sich sicher, dass sie enttäuscht wären, wenn sie ihn mit seiner Familie sehen würden, erbarmte sich ihrer und beschloss, ihnen spirituelle Erkenntnis zu geben. Der barmherzige Herr verließ den Berg Kailash und nahm die jugendliche Gestalt *Dakshinamurtis* an. In der *chinmudra*-Haltung setzte er sich unter einen Banyanbaum am nördlichen Ufer des Manasarovar, wo die enttäuschen Devotees auf ihrem Heimweg vorbeikommen mussten. Als sie kamen und sich vor ihn hinsetzten, ging er in *samadhi* ein. Er rührte sich nicht. Es herrschte Stille. Sie sahen ihn. Die Wirkung war unmittelbar. Sie fielen ebenfalls in *samadhi*, und ihre Zweifel waren geklärt.

Stille ist die wahre Unterweisung (upadesa). Sie ist vollkommene Unterweisung. Nur die reifsten Sucher können daraus Nutzen ziehen. Die anderen sind dazu nicht in der Lage. Deshalb muss man ihnen die Wahrheit in Worten erklären. Die Wahrheit ist aber jenseits der Worte. Sie lässt keine Erklärung zu. Man kann nur auf sie hinweisen.

(Nagamma: Briefe, 7.2.1947; Talk 569)

»Das Selbst allein, die einzige Wirklichkeit, existiert für immer. Wenn es der erste aller Lehrer [Dakshinamurti] vor Jahrhunderten durch ununterbrochenes Schweigen offenbarte, sag, wer kann es dann in gesprochenen Worten enthüllen?«
(Ekatma Panchakam von Sri Ramana)

Sri Bhagavan erzählte Muruganar einmal folgende Geschichte:

Als die vier älteren Weisen den sechzehnjährigen *Dakshinamurti* unter dem Banyan-Baum erblickten, wurden sie sofort zu ihm hingezogen und verstanden, dass er der wahre *Sat-Guru* war. Sie gingen zu ihm hin, umrundeten ihn dreimal, verneigten sich vor ihm, setzten sich ihm zu Füßen und stellten ihm kluge Fragen über die Natur der Wirklichkeit und wie man sie erlangen könne. Da der junge *Dakshinamurti* viel Mitleid mit seinen älteren Schülern hatte und ihnen väterliche Liebe entgegenbrachte, freute er sich über ihre Ernsthaftigkeit, Weisheit und Reife und beantwortete alle ihre Fragen. Aber als er Frage für Frage beantwortete, hatten sie weitere Zweifel und stellten noch mehr Fragen. So stellten sie ihm ein ganzes Jahr lang ihre Fragen, und er klärte ihre Zweifel durch seine mitleidsvollen Antworten.

Schließlich verstand *Dakshinamuri*: Je mehr Fragen er beantworten würde, desto mehr Zweifel würden sie haben, und ihre Unwissenheit (*ajnana*) würde nie enden. Deshalb unterdrückte er jedes Gefühl des Mitleids und der väterlichen Liebe und tauchte in die höchste Stille ein. Weil sie durch ihren Umgang mit dem *Sat-Guru* gereift waren, gingen auch sie automatisch in die höchste Stille, in den wahren Zustand des Selbst, ein, sobald *Dakshinamurti* in ihn eingetaucht war.

Muruganar war erstaunt, dass Bhagavan die Geschichte auf diese Weise erzählte, und meinte, dass in keinem Buch erwähnt würde, dass Dakshinamurti jemals gesprochen habe.

»Aber das ist tatsächlich geschehen«, antwortete Bhagavan barsch. Durch seine autoritative Antwort und seine klare und anschauliche Art, die Geschichte zu erzählen, verstand Muruganar, dass Bhagavan kein anderer als Dakshinamurti war.

Eine Familie war von weither gekommen, um Trost zu finden. Sie hatte sechs Söhne verloren, und das letzte Kind war erst kürzlich gestorben.

Ein Devotee fragte nach dem Nutzen von pranayama und anderen lebensverlängernden Übungen, um verwirklicht zu werden.

Bhagavan meinte freundlich: »Ja, die Leute leben lang, wenn sie diese Übungen anwenden, aber wird ein Mensch dadurch auch zu einem Verwirklichten, einem jnani? Ein Verwirklichter liebt seinen Körper nicht. Denn für einen, der die Verkörperung der Seligkeit ist, ist der Körper eine Krankheit. Er wartet darauf, ihn loszuwerden.«

Ein Devotee meinte: »Manche Leute sagen: ›Wir haben 50 Jahre gelebt. Was sollen wir uns noch mehr wünschen?‹, als wäre ein langes Leben so eine große Sache!«

»Ja«, sagte Bhagavan und lachte, »so ist das. Es ist eine Art Stolz. Es gibt dazu eine Geschichte.«

In alten Zeiten war *Brahma* einmal stolz darauf, dass er so lange lebte. Er ging zu *Vishnu* und sagte: »Siehst du, was für eine große Persönlichkeit ich bin? Ich bin die älteste noch lebende Person.« *Vishnu* entgegnete, das stimme so nicht. Es gäbe Menschen, die noch viel älter seien als er. Als *Brahma* entgegenhielt, das könne nicht stimmen, da er der Schöpfer aller Lebewesen sei, zeigte ihm *Vishnu* Menschen, die älter waren als er.

Sie gingen zu Romasa. *Vishnu* fragte ihn nach seinem Alter und wie lange seine Lebenserwartung noch sei. »Oho!«, antwortete Romasa, »Du willst wissen, wie alt ich bin? Also gut, ich werde es dir sagen. Dieses Zeitalter (*yuga*) besteht aus vielen tausend Jahren. Alle diese Jahre zusammen dauern für *Brahma* nur einen Tag und eine Nacht. Aufgrund dieser Berechnungen dauert *Brahmas* Leben genau hunderttausend Jahre. Wenn *Brahma* stirbt, fällt ein Haar meines Körpers aus.[24] Inzwischen sind mir schon mehrere Haare ausgefallen, aber ich habe noch viele. Wenn mir alle Haare ausgefallen sind, ist mein Leben zu Ende, und ich werde sterben.«

---

[24] Romasa heißt wörtlich: voller Haare

Brahma war sehr erstaunt, das zu hören, und sie gingen zu Ashtava-kra, dem Asketen mit den acht körperlichen Verformungen. Als sie Ashtavakra alles über diese Kalkulation erzählt hatten, meinte er, wenn Romasa stürbe, dann würde einer seiner Deformationen ver-schwinden, und wenn alle Deformationen verschwunden seien, würde er sterben. Als *Brahma* das hörte, war er niedergeschlagen.

Es gibt noch viele solche Geschichten. Hat man wahre Verwirkli-chung erlangt, wer will dann noch diesen Körper? Wozu braucht eine verwirklichte Seele, die durch die Verwirklichung des Selbst die grenzenlose Seligkeit genießt, diesen Körper.

(Nagamma: Letters and Recollections, 23.4.1948)

Sati Devi, die Frau *Shivas* und Tochter Dakshas gab ihr Leben auf, da sie während des Yajna-Rituals (einer Opferhandlung) von ihrem Vater gekränkt worden war. Daraufhin wurde sie als *Parvati,* als Kind von Himavan und Menaka wiedergeboren. Sie wollte nur *Shiva* als ihren Gemahl. Um das zu erreichen, ging sie fort, um Buße (*tapas*) zu tun. Menaka wollte sie davon abbringen und sagte: »U (nein), Ma (gib es auf)«. Deshalb erhielt sie den Namen ›Uma‹. Da sie sich von Menaka nicht davon abbringen ließ, brachte Himavan sie zu der Einsiedelei, in der *Shiva* in der Gestalt *Dakshinamurtis* lebte, und sagte zu ihm: »Mein Kind möchte *tapas* tun. Bitte nimm es in deine Obhut.«

Als *Shiva Parvati* sah, meinte er: »Warum will sie in diesem zarten Alter Buße tun? Warum geht sie nicht mit ihrem Vater heim?« *Parvati* erwiderte: »Ich will nicht.«

Da versuchte *Parameswara* (*Shiva*) es ihr mit Geschick auszureden, indem er zu ihr sagte: »Ich habe die Natur (*prakriti*) überwunden und kann mich deshalb auf dieses *tapas* konzentrieren. Wenn du hier bleibst, wirst du den Heimsuchungen der Natur ausgesetzt sein. Bitte geh zurück.«

Parvati erwiderte ebenso gewandt: »Oh Herr, du sagst, dass du die Natur überwunden hast. Doch wie kannst du ohne eine Beziehung zur Natur *tapas* tun? Du hast soeben gesprochen. Wie kannst du das ohne die Natur tun? Wie kannst du gehen? Ohne dass du dir dessen bewusst bist, wohnt die Natur in deinem Herzen. Wenn du nicht nur argumentieren willst, sondern wirklich über den Einflüssen der Natur stehst, warum fürchtest du dich dann davor, dass ich hier bleiben will?«

Shiva war mit ihrer Antwort zufrieden und sagte: »Du kannst Gedanken lesen und gewandt sprechen. Also bleib!« Und er schickte Himavan heim.

(Nagamma: Briefe, 26.2.1946)

Rama und sein Bruder Lakshmana auf der Suche nach Sita

Sri Bhagavan hatte im Shiva Purana geblättert und meinte: »Shiva besitzt den transzendenten und den immanenten Aspekt. Sie werden durch sein unsichtbares und transzendentes Wesen sowie durch das lingam versinnbildlicht. Das lingam, das zu allererst als Arunachala offenbar wurde, besteht bis zum heutigen Tag.

Im Bereich der Sprache steht der mystische Klang OM (pranava) für das Transzendente (nirguna) und das fünfsilbige Mantra (pan-chakshari) für den immanenten Aspekt (saguna).«[25]

Um das zu illustrieren, erzählte Sri Bhagavan die Anekdote, wie Parvati Rama auf die Probe stellte.

Rama und [sein Bruder] Lakshmana wanderten durch den Wald, um *Sita* zu suchen. *Rama* war [über den Verlust seiner Gefährtin] tief bekümmert. Da begegneten sie *Shiva* und *Parvati*. *Shiva* grüßte *Rama* im Vorbeigehen. *Parvati* war überrascht und fragte *Shiva*, warum Er, der Herr über das Weltall, der von allen verehrt wird, stehenblieb und *Rama* grüßte, einen gewöhnlichen Menschen, der seine Gefährtin vermisste und bekümmert und in Seelenqual hilflos in der Wildnis umherirrte. *Shiva* antwortete: »*Rama* handelt einfach wie ein Mensch es unter diesen Umständen tun würde. Er ist dennoch die Wiedergeburt *Vishnus* und verdient, gegrüßt zu werden. Du kannst ihn ja auf die Probe stellen.«

Parvati dachte darüber nach. Dann nahm sie die Gestalt von *Sita* an und erschien *Rama*, der voller Kummer *Sitas* Namen rief. Er erblickte *Parvati* in Gestalt *Sitas*, lächelte und fragte: »Warum bist du hier, *Parvati*? Wo ist *Shiva*? Warum hast du *Sitas* Gestalt angenommen?«

Parvati schämte sich und erklärte, dass sie ihn auf die Probe gestellt habe, weil sie wissen wollte, warum *Shiva* ihn gegrüßt hatte. *Rama* erwiderte: »Wir alle sind lediglich Aspekte *Shivas*. Wir verehren Ihn, wenn wir Ihn erblicken, und denken an Ihn, wenn wir Ihn nicht sehen.«

(Talk 218)

---

[25] Das fünfsilbige Mantra lautet: »Om Namah Shivaya« und repräsentiert die fünf Elemente (Wasser, Erde, Feuer, Luft und Äther), aus denen alles besteht.

Ganapati und Subrahmania

Am Abend, als einige Devotees sich auf den Weg um den Berg (gi-
ripradakshina) machten, wollte auch Sundaresa Iyer, ein langjähri-
ger Devotee, mit ihnen gehen. Doch er spürte, dass er nicht die Kraft
dazu hatte, und als die anderen sich verabschiedeten, ging er schnell
um Bhagavan herum. Bhagavan fragte ihn, warum er das täte. Er

antwortete: »Leider kann ich den Berg nicht umrunden, deshalb bin ich um Bhagavan herumgegangen.«

»Gehe um dich selbst herum. Das ist atma pradakshina,« antwortete Bhagavan lächelnd.

Ein anderer Devotee meinte: »Dann hat er dasselbe getan wie einst Ganapati [Ganesha].«

Bhagavan wurde gebeten, die Geschichte zu erzählen.

Einmal wollte Parameswara (der Höchste Herr Shiva) seinem Sohn Subrahmania eine Lektion erteilen und setzte sich mit seiner Gemahlin Parvati auf den Gipfel des Kailash. In den Händen hielt er eine Frucht. Als Ganapati und Subrahmania die Frucht sahen, baten beide ihren Vater darum. Da sagte er, er würde sie demjenigen geben, der als Erster zurückkäme, nachdem er die ganze Welt umrundet hatte.

Voller Stolz und Selbstvertrauen, dass er das Wettrennen gewinnen würde, machte sich Subrahmania sofort auf den Weg. Er ritt auf seinem Lieblingsreittier, dem Pfauen, in schnellem Tempo um die Welt und sah sich immer wieder um, um sich zu vergewissern, dass ihm sein älterer Bruder Ganapati nicht auf den Versen war.

Was konnte der arme Ganapati mit seinem dicken Bauch schon ausrichten? Zudem war sein Reittier lediglich eine Maus. Deshalb dachte er, es bringe sowieso nichts, mit Subrahmania in ein Rennen um die Welt einzutreten, und ging stattdessen um Parvati und den Höchsten Herrn herum, verneigte sich vor ihnen und beanspruchte seine Belohnung.

Als sie ihn fragten, ob er die Welt umrundet habe, antwortete er: »Alle Welten sind in euch enthalten. Wenn ich euch umrunde, ist es, als würde ich die ganze Welt umrunden.« Der Höchste Herr war mit seiner Antwort zufrieden und gab ihm die Frucht. Da setzte sich Ganapati hin und aß sie.

Subrahmania war sich sicher, dass er das Rennen gewonnen hatte, vollendete seine Runde um die Welt und kam wieder an seinem Ausgangspunkt an. Da fand er Ganapati vor, der vor Parvati und Parameswara saß und die Frucht aß. Als er Parameswara bat, ihm die Frucht zu geben, da er das Rennen gewonnen habe, antwortete er: »Dein älterer Bruder isst sie soeben.« Subrahmania fragte, ob das gerecht sei. *Parameswara* erklärte ihm, was geschehen war. Da erkannte *Subramania* seine Eitelkeit, weil er geglaubt hatte, er sei ein großer Weiser. Er verneigte sich vor seinen Eltern und bat sie um Vergebung.

Das ist die Geschichte. Ihre Bedeutung ist, dass das Ego, das wie ein Wirbelwind umherstreift, vernichtet werden und im atman (Selbst) aufgehen muss. Das ist Atma pradakshina, die Umrundung des Selbst.

(Nagamma: Briefe, 19.8.1946)

Einmal saßen der große Herr *Shiva* und die Göttin *Parvati* auf einem prachtvollen Thron auf dem Kailash, dem Berg der Freude. Alles war vom Duft der Blumen und des Räucherwerks erfüllt. Nachdem sie den *devas*, *rishis* und anderen Bittstellern ihre Wünsche erfüllt und sie entlassen hatten, erfreute sich der Herr *Shiva* an der Gesellschaft der Göttin Uma (*Parvati*), die so schön wie die Göttin Rati und voller guter Eigenschaften und edler Gesinnung war.

Die Göttin dachte, dass sie die volle Aufmerksamkeit ihres Herrn habe. In fröhlicher Stimmung schlüpfte sie hinter ihn und bedeckte aus Spaß mit ihren beiden Händen, die Lotusblüten ähnelten, zärtlich die drei Augen *Sambhu*s, des Herrn der Welt, und fragte ihn fröhlich: »Wer ist das?«

Sobald seine drei Augen (der Mond, die Sonne und das Feuer) bedeckt waren, verbreitete sich Finsternis über das ganze Universum, die Millionen Jahre andauerte, denn ein Augenblick für *Shiva* sind für uns Jahrtausende. Die Dunkelheit, die die Verspieltheit der Göttin bewirkt hatte, war die Ursache der vorzeitigen Vernichtung der Welten, denn in der Finsternis waren keine Handlungen mehr möglich, und folglich starben die Lebewesen, ohne neue Generationen hervorzubringen.

Als die *siddhas* das sahen, gingen sie demütig zu *Sambhu* und baten ihn um das Wohl des Universums. Als Antwort auf ihre Bitte sagte der Herr *Shiva*, die Verkörperung des Mitleids: »Gauri, gib meine Augen frei!« Sofort gab sie seine Augen frei, und das Hindernis für den Mond, die Sonne und das Feuer war beseitigt. Licht kehrte auf die Welten zurück. Der Herr fragte die *siddhas*, die ehrerbietig vor ihm standen: »Wieviel Zeit ist vergangen?« Sie erwiderten: »Eine halbe Sekunde für dich und Millionen von Jahren für uns.«

Als der Herr, der voller Mitgefühl ist, das hörte, wandte er sich seiner Geliebten zu und belehrte sie. »Es gehört sich nicht für dich, dass du, die Mutter der Welt, etwas tust, um sie zu vernichten. Nur ich kann das tun, wenn die Zeit dafür gekommen ist. Durch deine Dummheit hast du eine vorzeitige Zerstörung herbeigeführt. Wie kannst du, die Verkörperung der Liebe, so etwas tun und deiner Schöpfung Leid zufügen? Du, die du Erbarmen bist, solltest nicht einmal zum Spaß etwas tun, um andere zu verletzen.«

Als Uma *Sambhus* Worte hörte, erfasste sie Reue, und sie fragte, womit sie ihren Fehler sühnen könne. *Shiva* war mit ihrer Reue und Hingabe zufrieden und sagte: »Welche Buße kann ich dir dafür auferlegen, dass du mich übergangen hast? Du folgst dem Weg des *dharma* (der rechten Lebensweise). Deshalb werde ich dir eine dementsprechende Buße auferlegen. Du sollst verdienstvolle Taten für das Wohl der Erde tun. Die Menschen werden in ihrem Glauben an das *dharma* gefestigt werden, wenn sie sehen, dass du Buße tust. Das steht ganz außer Zweifel. Göttin, durch deine Gnade wird die Erde ihr Ziel erkennen, die in der Aufrechterhaltung des *dharmas* besteht. Die zeitlosen *Veden* erklären, dass du das All bist. Die Stadt Kanchipuram[26] ist der Himmel auf Erden. Wenn du dort Buße tust, wird das große Frucht bringen. Ich bleibe in meinem gestaltlosen Zustand als das absolute, reine Sein im Lotus deines Herzens. Deshalb musst du nicht unter der Trennung von mir leiden.«

Als die Göttin das hörte, machte sie sich mit ihren Gefährtinnen sofort nach Süden auf. Im Königreich von Kasi (Benares) herrschte zu dieser Zeit eine Hungersnot, weil es nicht regnete. Die Leute litten sehr, da sie nichts zu essen hatten. Als *Parvati* das sah, hatte sie Mitleid mit den Menschen und erschuf durch ihren Willen ein großes Haus, nahm den Namen ›Annapurna‹[27] an und speiste Tausende von Menschen aus einem Gefäß, das nie leer wurde. Bald war sie im ganzen Land bekannt.

Inzwischen war auch der Getreidespeicher des Königs leer, und er fragte sich, was er nun tun sollte. Als er von der Armenspeisung durch Annapurna hörte, staunte er über die Fähigkeit dieser Frau und bat sie darum, ihm einige Schütten Reis zu leihen, um sie auf die Probe zu stellen. Sie ließ ihm antworten, sie könne ihm nichts leihen, aber er könne herkommen und etwas zu essen erhalten. Um sie zu prüfen, gingen der König und seine Minister verkleidet zu ihr und aßen, was sie bekamen. Als der König sah, dass das Essen, das überall verteilt wurde, nie ausging, erkannte er, dass dies kein Mensch zuwege bringen konnte, sondern nur eine göttliche Kraft.

---

[26] Kanchipuram, in der Nähe von Madras, gilt als eine der heiligen Städte Tamil Nadus.
[27] Annapurna (Sanskrit) heißt wörtlich: der Geber von Nahrung

Nach dem Essen ging er zu ihr hin, fiel ihr zu Füßen und bat: »Große Mutter, bitte segne uns und gewähre uns Befreiung.« Die göttliche Mutter war mit seiner Hingabe zufrieden, nahm ihre ursprüngliche Gestalt wieder an und sagte: »Mein Sohn, ich bin mit deiner Hingabe zufrieden. Da ich bereits sehr lange hier bin, wird dein Land jetzt von der Dürre befreit werden. Es wird zum Regnen kommen, und ihr habt keine Hungersnot mehr zu erleiden. Ich kann nicht länger bleiben, sondern muss nach Süden gehen, um Buße zu tun. Regiere dein Land gut und sei glücklich.«

Da bat der König: »Trotzdem sollten wir dich verehren können.« Die Mutter war damit einverstanden und machte sich dann auf den Weg. Deshalb hat sie sich als Annapurna manifestiert, und an diesem Ort steht jetzt der berühmte Annapurna-Tempel von Kasi.

Sie ging weiter nach Kanchipuram im Süden. Dort sah sie den heiligen Fluss Kampa und begann, am Ufer Entsagung zu üben. Sie legte ihren Schmuck ab und trug stattdessen Rudraksha-Perlen. Ihre feinen Kleider warf sie fort und kleidete sich in Baumrinde. Ihren ganzen Körper beschmierte sie mit heiliger Asche. Sie lebte von Getreideähren, die sie selber pflückte, und wiederholte beständig *Shivas* Name. Dreimal am Tag (morgens, mittags und abends) badete sie im Kampa und formte aus dem Sand liebevoll ein *lingam*. Sie verehrte es mit Blättern, wie es vorgeschrieben ist. Sie hieß die Weisen willkommen, die sie besuchten und über ihre Entsagung staunten.

Einmal hatte sie Blumen im Wald gesammelt und verehrte damit den Schriften gemäß das *lingam* aus Sand am Ufer des Kampa, indem sie Mantren wiederholte. Da wollte *Shiva* ihre Hingabe auf die Probe stellen und ließ den Kampa überfließen. Als ihre Gefährtinnen eine große Welle herannahen sahen, warnten sie sie. Da öffnete sie die Augen und sah die Flut auf sich zukommen. In ihrer Verzweiflung, bei ihrem Gottesdienst gestört worden zu sein, umarmte sie sofort das *lingam*, damit es sich nicht im Wasser auflösen konnte, und sagte zu ihren Gefährtinnen: »Was soll ich tun? Ein begonnener Gottesdienst darf nicht abgebrochen werden, komme was da wolle. Nur jene, die Verdienst erworben haben, können ihre guten Taten auf Erden vollenden und das *dharma* ausüben, das die Wünsche des Herzens erfüllen kann. Das *Shiva-lingam* ist aus Sand. Es wird sich in der Flut auflösen. Wenn ein *lingam* zerstört wird, muss auch ein wahrer Verehrer mit ihm untergehen. Diese Flut hat sich aufgrund der *maya Shivas* erhoben, um meine Hingabe auf die Probe zu stellen. Ich werde ohne Angst meinen Gottesdienst zu Ende bringen. Freunde, schnell, flieht!«

Sie verließ das *lingam* nicht, das sie umarmte, auch nicht als sie vom Wasser umgeben war. Sie verehrte es, drückte es sich an ihr Herz und meditierte mit offenen Augen und völliger Hingabe über den ewigen *Shiva*. Da sprach eine göttliche Stimme vom Himmel: »Mädchen, die große Flut hat nachgelassen. Du kannst jetzt das *lingam* verlassen, Noble! Das *lingam*, das du verehrt hast, wird beständigen Ruhm erlangen als ein *lingam*, das von den Göttern verehrt wurde und Segen spenden kann. Möge deine Buße erfolgreich sein! Mögen die Menschen, die dieses *lingam* sehen und verehren, das für die Aufrechterhaltung des *dharmas* errichtet wurde, das Ziel ihres Lebens erreichen! Ich selbst erstrahle auf dieser Erde in der Gestalt Arunachalas für die Befreiung der Sterblichen. Da er sämtliche Sünden aller Welten beseitigt und die Bindung sich löst, wenn man ihn sieht, heißt er Arunachala, der Berg, der die Bindung vernichtet. *Rishis, siddhas, gandharvas*, Yogis usw. kommen hierher, verehren den Berg und vergessen dabei den Gipfel des Kailash und des Berges Meru. Du kannst dorthin gehen, vom Weisen Gautama Hingabe an mich lernen, von der Glorie Arunachalas erfahren und noch mehr Buße tun. Ich werde dir dort meine strahlende Gestalt enthüllen, damit alle Sünden der Welten vernichtet werden und die Welten erblühen.«

Als sie diese Worte hörte, die *Shiva* in seiner formlosen Gestalt gesprochen hatte, sagte sie: »So soll es sein!« und machte sich sofort auf den Weg zum Arunachala. Zu den *rishis*, die ihr folgen wollten, sagte sie: »Übt am Ufer des heiligen Kampa Entsagung. Dieses *lingam* aus Sand, das alle Sünden beseitigt und Wohlergehen bringt, trägt die Merkmale meiner Umarmung. Verehrt es. Lasst meine Verehrer wissen, dass ich als Kamakshi verehrt werden soll, da ich ihre Wünsche erfülle und sie segne. Sie sollen mich verehren und ihre Wünsche erfüllt bekommen.«

Dann erreichte sie den Arunachala. Dort begegneten ihr *siddhas*, Yogis, *rishis* und *devas*. Alle großen Weisen baten sie, ihr Gast zu sein, aber sie sagte zu ihnen, sie müsse aufgrund von *Shivas* Befehl zu Gautama. Also zeigten sie ihr den Weg zu seinem Ashram. Sie kam zu Gautamas Ashram, der am Fuß des Korallen-Berges (Pavalakundru) lag.

Als Satananda, Gautamas Sohn, sie sah, lud er sie ein und verehrte sie, wie es vorgeschrieben ist. Er bat sie dazubleiben, während er seinen Vater, der im Wald Kusa-Gras sammelte, holen ging. Gautama war bereits auf dem Heimweg. Als Satananda ihn sah, rannte er ihm aufgeregt entgegen und erzählte ihm, dass die göttliche Mutter in ihren Ashram gekommen sei. Im Nu wurde der ganze Wald grün und war voller Blumen und Früchte. Gautama wunderte sich und fragte seinen Sohn, ob es auch stimme. Satananda erwiderte stammelnd: »Die Mutter *Parvati* ist gekommen.« Nun ebenfalls freudig erregt eilte Gautama zu seinem Ashram, sah *Parvati* und verehrte sie.

Nachdem *Parvati* lange unter der Anleitung Gautamas *tapas* geübt hatte, erschien der Herr vor ihr und sagte, er wolle ihr jeden Wunsch erfüllen. Respektvoll bat sie, die Hälfte von *Shiva* werden zu dürfen, und sagte: »Ich kann nicht länger mit einem getrennten Leib leben, denn wenn ich von dir getrennt bin, könnte mir erneut ein Fehler unterlaufen. Dann müsste ich wieder die ganze Härte einer Buße auf mich nehmen und würde an der Trennung leiden.« *Parameswara* war damit einverstanden und vereinte sich mit ihr als Ardhanareeswara (halb Mann, halb Frau). So wurde Amba, die Mutter des Universums, eine Hälfte von *Shiva*.

(Nagamma: Letters and Recollections, 30.7.1948)

Das Periya Puranam [28] ist ein tamilischer Klassiker der *bhakti*-Literatur aus dem 12. Jahrhundert von Sekkizhar, in dem das Leben der 63 südindischen *Shiva*-Heiligen (*nayanars*) erzählt wird. Es ist der 12. und letzte Band des Tirumurai, der kanonischen südindischen Hymnensammlung.

Die vier bekanntesten *Shiva*-Heiligen Südindiens sind Sambandar, Sundarar, Appar und Manikkavachakar. Sambandhar, der jugendliche Heilige, ist fast noch ein Kind, voller Enthusiasmus und poetischer Begabung. Er lebte etwa im 7. Jh. Appar, was wörtlich ›Vater‹ bedeutet, lebte ebenfalls im 7. Jh. und war der ältere Gefährte Sambandars. Sundarar lebte im 8. Jh. In der Zeit dieser drei Heiligen fand der große Kampf zwischen dem Jainismus und dem Shivaismus statt, wobei der Shivaismus sich letztlich durchgesetzt hat. Davon sind auch diese Legenden geprägt, die auf teils historischen Fakten beruhen.

Manikkavachakar lebte im 9. Jh. und schrieb die bekannte Hymnensammlung Tiruvachakam. Er gehört nicht zu den 63 *Shiva*-Heiligen der Periya Puranam.

Enthalten sind die Geschichte des Jägerheilige Kannappar sowie die Geschichten zweier heiliger Frauen: Karaikkal Ammayar und Avvaiyar. Avvaiyars Gedichte sind bis heute bekannt. Es gibt mehrere Heilige dieses Namens. Vermutlich handelt es sich um Avvaiyar II. aus dem 10. Jh. Auch sie gehört nicht zu den 63 *Shiva*-Heiligen.

Das Periya Puranam machte auf den jungen Ramana einen gewaltigen Eindruck. Einmal sagte er über die vier bekannten Heiligen: »Die Hingabe Sundaramurthis ist die eines Freundes, die Manikkavachakars die eines Geliebten, die Appars die eines Dieners und die Sambandars die eines Sohnes.«

---

[28] s. Sekkizhar: Das Periya Puranam: das Leben der 63 südindischen Shiva-Heiligen. – Norderstedt, 2019

Ein Devotee hatte erzählt, dass einige Frauen, die in Trance gefallen waren, plötzlich auf wundersame Weise Kandiszucker und Mandeln in den Händen gehalten hatten. Bhagavan meinte dazu: »Wir hören so viel. Es gibt Sekten, die nach solchen Dingen trachten. Aber wer sieht oder erhält sie? Das musst du erkennen. Im Periya Puranam wird eine ähnliche Geschichte erzählt.«

Karaikkal Ammayar war eine große Verehrerin des Herrn *Shiva* und eine Dichterin. Viele ihrer Verse sind bis heute erhalten. Sie war die Frau eines reichen Kaufmanns in Karaikkal. Er hieß Paramadatta, was ›einer, der mit göttlichen Gaben ausgestattet ist‹ bedeutet. Seine Frau hieß Punithavathiyar, was ›die Reine‹ bedeutet. Sie war *Shiva* sehr hingegeben und bewirtete alle *Shiva*-Verehrer, die an ihre Tür kamen.

Eines Tages erhielt ihr Mann von einem Geschäftsfreund zwei Mangos einer besonders guten Sorte, die er heim zu seiner Frau bringen ließ. Kurze Zeit später kam ein heiliger Devotee zu ihrem Haus, um zu betteln. Da sie gerade kein Essen fertiggekocht hatte, das sie ihm anbieten konnte, außer Reis, gab sie ihm Reis und eine der Mangos dazu.

Ihr Gemahl kam zur Mittagszeit heim, nahm seine Mahlzeit zu sich und aß die eine Mango, die noch da war. Sie schmeckte ihm so gut, dass er zu seiner Frau sagte: »Es waren zwei. Bring mir auch die andere.« Sie erschrak, erinnerte sich aber daran, dass der Herr, dessen Verehrer sie die Frucht gegeben hatte, niemals jene verlässt, die ihm dienen. Sie betete zu ihm und hatte plötzlich eine Mango in der Hand, die sie ihrem Mann brachte. Da es sich um eine göttliche Gabe handelte, schmeckte sie unvergleichlich süß, sodass er fragte: »Wo hast du sie her?« Sie zögerte zunächst, ihm von dem Wunder zu erzählen, dachte dann aber, dass sie nichts vor ihrem Gemahl verheimlichen sollte, und erzählte ihm alles. Er glaubte ihr nicht und erwiderte grob: »Wenn es so ist, wie du sagst, dann besorge mir eine weitere Mango.« Sie sagte in ihrem Herzen zu Gott: »Wenn du mir keine weitere Frucht gibst, glaubt er mir nicht.« Sofort hatte sie eine weitere Mango in der Hand. Sie brachte sie zu ihrem Mann, aber sobald er sie nahm, verschwand sie. Er wunderte sich darüber und schloss daraus, dass seine Frau ein göttliches Wesen sein müsse. Deshalb beschloss er, nicht länger mit ihr zu leben, doch er sagte niemandem etwas davon.

Eines Tages mietete er sich heimlich ein Schiff, auf das er das meiste seiner Habe brachte. An einem glückverheißenden Tag brachte er dem Gott des Meeres seine Verehrung dar. Mit Seeleuten und einem geschickten Kapitän ließ er Segel setzen und reiste in ein anderes Land, wo er seinen Handel wieder aufnahm und ein Vermögen machte. Nach einiger Zeit kehrte er zurück und kam in eine fremde Stadt im Pandya-Reich, wo er die Tochter eines Händlers heiratete und in großem Luxus lebte. Eine Tochter wurde ihm geboren, die er nach seiner ersten Frau Punithavathi nannte, bei der zu bleiben er sich nicht getraut hatte, die er aber immer noch sehr verehrte.

Nach einiger Zeit erfuhren seine Freunde in Karaikkal von seiner Rückkehr und seinem Wohlstand. Sie beschlossen, ihn dazu zu zwingen, seine erste Frau, die er verlassen hatte, und ihre Angehörigen einzuladen. Die Angehörigen machten sich auf den Weg in sein neues Heim und trugen seine heilige Gemahlin Karaikkal Ammayar in einer Sänfte. Als er benachrichtigt wurde, dass sie eingetroffen sei und in einem Hain außerhalb der Stadt Halt gemacht habe, wurde er von großer Furcht ergriffen und ging mit seiner zweiten Frau und seiner Tochter zu dem Platz, wo sie mit ihren Verwandten kampierte. Mit äußerster Ehrerbietung verneigte er sich vor ihr und sagte: »Dein Sklave schätzt sich glücklich, deine Gnade zu erhalten. Ich habe meiner Tochter deinen heiligen Namen gegeben und verehre dich immer als meine Schutzgöttin.«

Die arme Punithavathiyar war äußerst verblüfft durch seinen Gruß und seine Verehrung und begab sich in den Schutz ihrer Verwandten, die erstaunt fragten: »Warum verehrt dieser Verrückte seine eigene Frau?« Paramadatta erwiderte: »Ich habe sie ein Wunder wirken sehen. Deshalb weiß ich, dass sie keine Tochter der Menschen ist, sondern ein göttliches Wesen. Das ist der Grund, warum ich mich von ihr getrennt habe, sie als meine Schutzgöttin verehre und ihr meine Tochter weihe.« Als Punithavathiyar das hörte, dachte sie darüber nach und betete zu *Shiva*, den höchsten Herrn: »Oh Herr, das ist der Glaube meines Gemahls. Nimm von mir die Schönheit, die ich bis jetzt nur um seinetwillen gepflegt habe. Nimm von mir diese Bürde des Fleisches und gib mir die Gestalt derer, die dir immer dienen und dich preisen.« Durch Gottes Gnade verdorrte sofort ihr Fleisch, und sie wurde zu einem Skelett. Sie wurde zu einem Gefäß *Shivas*, das von der Welt und vom Himmel hoch geachtet wurde. Dann überschütteten die Götter sie mit einem Blumenregen, und himmlische Musik erklang.

Ihre Verwandten verbeugten sich vor ihr und gingen eingeschüchtert weg.

Nachdem sie die Gestalt eines Skeletts angenommen hatte, lebte sie in der Wildnis von Alangadu und dichtete, von Gott inspiriert, heilige Lieder, die bis heute gesungen werden. Nach einiger Zeit überkam sie der unwiderstehliche Wunsch, zum heiligen Berg Kailash zu gehen. So reiste sie schnell nordwärts, bis sie den Fuß des Berges erreichte. Da sie dachte, es sei nicht richtig, den Berg mit den Füßen zu betreten, stieg sie hinauf, indem sie ihre Füße in die Luft streckte, wobei nur ihr Kopf den Grund berührte.

Die Göttin Uma, *Shivas* Gemahlin, sah sie auf diese Weise den Berg erklimmen und sagte zu ihrem Herrn: »Wer ist sie, die den Berg auf so seltsame Weise heraufkommt, ein ausgemergeltes Skelett, das nur durch die Kraft der Liebe am Leben erhalten wird?« Der Herr *Shiva* erwiderte: »Das ist Karaikkal Ammayar. Sie hat diese Gestalt von mir erbeten.«

Als sie heraufkam, sprach er sie liebevoll an und nannte sie ›Amma‹ (Mutter). So wird sie seitdem genannt. Sobald sie dieses Wort hörte, fiel sie ihm zu Füßen und rief: »Vater!« *Shiva* fragte: »Was kann ich für dich tun?« »Oh Herr, gib mir, deiner Sklavin, unsterbliche Liebe und endlose Seligkeit. Ich wäre froh, wenn ich nicht wieder auf dieser Erde geboren werden würde, doch wenn es sein muss, dann gib, dass ich dich, meinen Herrn, niemals vergesse. Und wenn du deinen heiligen, mystischen Tanz aufführst, möchte ich voller Begeisterung zu deinen Füßen sein und dein Lob singen.« Der Herr erwiderte: »Du sollst meinen Tanz in Alangadu sehen und voller Begeisterung singen.«

Da kehrte die heilige Karaikkal Ammmaiyar nach Alangadu zurück, wobei sie den ganzen Weg wiederum auf ihrem Kopf zurücklegte. Dort wohnte sie dem heiligen Tanz des Herrn bei und sang ihm zu Ehren die Lieder, die bis heute bekannt sind. Sie bilden den sechsten Teil des Tirumurai.[29]

(Mudaliar: Tagebuch, 30.1.1946; Sckkizhar: Periya Puranam, 24. Karaikkal Ammayar)

---

[29] eine Sammlung aus 12 Bänden von devotionalen *Shiva*-Liedern aus dem 6. bis 11. Jh.

Parvati gibt Sambandar von ihrer Milch zu trinken

Sambandar war das Kind einer orthodoxen Brahmanenfamilie in Sirkazhi. Sein Vater hieß Sivapada Hridayar und seine Mutter Bhagavatiyar.

Als der Junge drei Jahre alt war, nahm ihn sein Vater mit zum Thirutonni Appar Wasserspeicher. Er tauchte im Wasserspeicher unter, während er das Aghamarshana-Mantra wiederholte. Das Kind konnte seinen Vater im Wasserspeicher nicht sehen und blickte kummervoll

101

und ängstlich um sich. Von seinem Vater keine Spur. Es konnte seinen Kummer nicht mehr zurückhalten, weinte laut, sah zum Tempelturm hinüber und jammerte: »Mama! Papa!« Da erschienen *Parvati* und der Herr *Shiva* am Himmel. Sie ritten auf dem heiligen Stier und gaben dem kleinen Kind ihren *darshan*. *Shiva* wies *Parvati* an, ihm einen Becher von der Milch ihrer Brust zu geben, die die Erkenntnis *Shivas* (*Shiva jnana*) enthielt. Das Kind trank die Milch, hatte keine Angst mehr, und das göttliche Paar verschwand. Das Kind war zu einem inspirierten Weisen geworden, der ganz und gar Gott *Shiva* hingegeben war. Deshalb erhielt es den Beinahmen Aludaiya Pillaiyar, was ›Gottes einziges Kind‹ bedeutet, sowie Thirujnana Sambandar (einer, der göttliche Weisheit besitzt).

Nachdem Sambandar die Milch der Erkenntnis getrunken hatte, saß er glücklich und zufrieden am Rand des Wasserspeichers. Milch tropfte noch aus seinen Mundwinkeln. Als der Vater vom Baden kam, sah er es und fragte den Jungen ärgerlich, wobei er einen Stock schwang: »Wer hat dir Milch gegeben? Wie kannst du von einem Fremden Milch annehmen! Sage mir, wer es war, oder du bekommst Prügel.«

Sambandar antwortete sofort, indem er zehn Tamilverse sang, in denen es hieß: »Der Mann mit den Ohrringen, der auf einem heiligen Stier reitet und einen weißen Mond auf seinem Kopf trägt, dessen Körper mit der Asche vom Totenverbrennungsplatz beschmiert ist, ist der Dieb, der mein Herz gestohlen hat. Er hat den Schöpfergott *Brahma* gesegnet, als er mit den *Veden* in seinen Händen Buße tat. Er residiert in Brahmapuri. Dort wohnen mein Vater und meine Mutter, die mir Milch gegeben hat.« Dann beschrieb er die Gestalten von *Shiva* und *Parvati* und erzählte auch vom Tempelwagen.

Aus seinen Versen war klar ersichtlich, dass es *Parvati* und der Herr *Shiva* waren, die dem Kind Milch gegeben hatten. Es wurde von vielen beobachtet. Seitdem versammelten sich zahlreiche Menschen bei Sambandar, der von diesem Tag an ohne Unterlass Lieder für den Herrn dichtete.

(Nagamma: Briefe, 30.1.1947; Sekkizhar: Periya Puranam, 28. Thirujnana Sambandar)

Der Pandya-König von Madurai, fand am Jainismus Gefallen. Seine Frau war die Tochter des Chola-Königs und hing dem Shivaismus an. Sie hatte vom großen Weisen Jnana Sambandar und seinen Taten gehört und wusste, dass er zurzeit in Vedaranyam kampierte. Sie ließ dem Heiligen durch einen Minister, der ebenfalls ein *Shiva*-Anhänger war, eine Einladung überbringen, Madurai zu besuchen und den König vom Shivaismus zu überzeugen. Der Heilige kam. Als die Königin sah, dass er ein Junge von etwa zehn Jahren oder noch jünger war, hatte sie starke Bedenken, ob er den großen Jain-Führern, die den König umgaben, ebenbürtig war oder ob sie den Jungen durch ihre Einladung nicht in Gefahr gebracht hatte. Als der Weise das bemerkte, sang er einige Lieder, in denen er der Königin versicherte: »Ich bin diesen Jaina nicht unterlegen, denn der Herr ist in mir. Deshalb fürchte dich nicht.«[30]

Ein Devotee meinte: »In Sambandars Liedern werden die Jain-Führer geschmäht. Darin heißt es: ›Ich bin ihnen nicht unterlegen, da der Herr in mir wohnt.‹«

Bhagavan: »Das geschah nachdem der Heilige nach Madurai kam. Als ihn die Einladung in Vedaranyam erreichte, wollte er nach Madurai aufbrechen. Appar, der sein Weggefährte war, sagte: ›Mach dich nicht heute auf den Weg. Dieser Tag ist nicht verheißungsvoll für dich. Die Jaina sind grausam und mächtig.‹ Daraufhin sang Jnana Sambandar das Kolaru Padikam, in dem es heißt: ›Da der Herr in mir, in meinem Herzen ist, können keine Tage oder Planeten mich davon abhalten. Jeder Tag ist für mich gleich verheißungsvoll.‹«

---

[30] s. Sekkizhar: Periya Puranam, 28. Thirujnana Sambandar)
Der Jainismus war im 7. Jh. (zur Zeit Sambandars) in Madurai sehr populär geworden und hatte an Einfluss zugenommen. Der Pandya-König war zum Jainismus übergetreten. Die Königin ließ Sambandar nach Madurai kommen. Der Legende nach setzten die Jaina seine Unterkunft in Brand, aber Sambandar übertrug die Hitze des Feuers auf den König, der sich vor Schmerzen wand. Die Jaina versuchten, den König durch Singen von Mantren zu heilen, doch ohne Erfolg. Daraufhin sang Sambandar ein Mantra und heilte ihn mit heiliger Asche. Dann erfolgten weitere Prüfungen, die die Überlegenheit der Shiva-Anhänger bewiesen und in Talk 415 erwähnt werden. Daraufhin konvertierte der König wieder zum Shivaismus.

Im Sri Ramana Lila heißt es, dass Sambandar auf seinem Weg nach Tiruvannamalai von Waldräubern überfallen und all seiner Besitztümer beraubt wurde. Sambandar war ein Mann der Weisheit und Erkenntnis.

Suri Nagamma fragte: »Welchen Besitz hatte er?«

Bhagavan: »Er folgte dem Weg der Hingabe, nicht wahr? Deshalb besaß er goldene Zimbeln, eine mit Perlen geschmückte Sänfte und weitere Dinge, wie es Ishwara veranlasst hatte. Er hatte auch einen Math (eine Niederlassung) und alles, was dafür nötig ist.«

Nagamma: »Wann hat er das alles bekommen?«

Seit der Zeit, als er den Namen Jnana Sambandhar angenommen hatte, d.h. seit seiner Kindheit, sang er ununterbrochen eigene Lieder und war auf Pilgerreise. Zuerst besuchte er den heiligen Ort Thirukolakka, ging in den dortigen Tempel und sang Lieder zum Lob des Herrn, wobei er mit seinen kleinen Händen den Takt dazu schlug. Durch die Gnade *Shivas* hielt er plötzlich goldene Zimbeln mit der Inschrift der mystischen fünf Buchstaben in seinen Händen. Mit ihnen schlug er den Takt zu seinen Liedern.

Anschließend besuchte er Chidambaram und andere heilige Orte und wanderte dann zu einem Pilgerzentrum namens Maranpadi. Damals gab es noch keine Züge. Der örtliche Gott beobachtete den kleinen Jungen, der zu Fuß heilige Orte besuchte. Er hatte Mitleid mit ihm und erschuf für ihn eine perlengeschmückte Sänfte, einen perlengeschmückten Schirm und andere Dinge, die alle mit Perlen besetzt waren, wie es sich für einen *sannyasin* gehörte. Er ließ diese Dinge im Tempel, erschien den Tempelpriestern und Sambandar im Traum und sagte zu den Priestern: »Überreicht sie Sambandar mit gebührender Ehre.« Zu Sambandar sagte er: ›Die Tempelpriester werden dir das alles geben. Nimm es.‹ Da es Geschenke Gottes waren, konnte er sie nicht zurückweisen. Also nahm er sie mit ehrerbietigen Verbeugungen entgegen, indem er um Gott herumging usw. Dann stieg er in die Sänfte.

Von dieser Zeit an benutzte er immer die Sänfte, wohin er auch ging. Allmählich versammelten sich Schüler um ihn, und ein *Math* wurde gegründet. Aber immer wenn er in die Nähe eines heiligen Platzes kam, stieg er aus der Sänfte, sobald er den Tempeltorturm des Schreines sah, und ging zu Fuß bis zum Tempel. Er kam von Tirukoilor zu Fuß hierher (zum Arunachala), da von dort aus der Gipfel des Arunachala zu sehen ist.[31]

Als er in Tirukoilur in einem Mandapam saß, erschien ihm Gott Arunachaleswara zuerst in Gestalt von Licht und dann in der Gestalt eines alten Brahmanen. Sambandar wusste nicht, wer der alte Brahmane war. Der Brahmane trug einen Blumenkorb in der Hand. Unerklärlicherweise fühlte sich Sambandar von dem Brahmanen wie von einem Magnet angezogen. Er fragte ihn sofort mit gefalteten Händen: »Woher kommst du?« ›Ich komme soeben vom Arunachala. Mein Dorf liegt hier in der Nähe‹, erwiderte der Brahmane. Sambandar fragte überrascht: »Arunachala! Aber seit wann bist du hier?« Der Brahmane antwortete gleichgültig: »Seit wann? Ich komme jeden Morgen her, um Blumen zu pflücken, und mache daraus eine Girlande für den Herrn Arunachala. Am Nachmittag kehre ich dann dorthin zurück.« Sambandar war überrascht und fragte: »Tatsächlich? Aber es heißt, es sei noch weit bis zum Arunachala?« Der alte Brahmane erwiderte: »Wer hat dir das erzählt? Du kannst mit einem Schritt dort sein. Was ist daran so besonders?« Da war Sambandar sehr begierig darauf, zum Arunachala zu gehen, und fragte: »Kann ich zu Fuß dorthin gehen?« Der alte Mann antwortete: »Wenn ein alter Mann wie ich täglich von hier zum Arunachala geht, kann es dann ein junger wie du nicht auch? Was meinst du?« Ungeduldig bat Sambandar: »Herr, kannst du mich bitte mitnehmen«, und machte sich sofort mit seinem Gefolge auf den Weg.

Der Brahmane ging vorweg, und die Gruppe folgte ihm. Doch plötzlich war er verschwunden. Verwirrt suchten sie überall nach ihm. Da umringten sie Jäger und raubten ihnen die Sänfte, den Schirm, die goldenen Zimbeln, die Perlen und alles andere von Wert, ihren Proviant und sogar die Kleider, die sie trugen. Sie wurden in ihren Lendenschürzen zurückgelassen. Sie kannten den Weg nicht, es war sehr heiß, und es gab keinen Schatten, wohin sie vor der Hitze hätten fliehen können. Alle waren hungrig, da es Essenszeit war. Was sollten sie tun?

---

[31] s.a. Sri Ramanas eigenes Erlebnis in diesem Tempel in Tirukoilur in: Ebert, Ramana Maharshi: Sein Leben, S. 29f

Da betete Sambandar zu Gott: »Oh Herr, warum prüfst du mich so sehr? Mich kümmert es nicht, was mit mir geschieht, aber warum sollen meine Anhänger diese harte Prüfung erdulden?«

Als Gott diese Gebete hörte, erschien er ihm in seiner wahren Gestalt und sagte: »Mein Sohn, diese Jäger gehören auch zu meinem Personal. Sie raubten dir deine ganzen Besitztümer, da es besser ist, den Herrn Arunachala ohne Show und Pomp zu verehren. Du wirst deine ganze Habe wiedererhalten, wenn du dort angekommen bist. Es ist Mittagszeit. Du sollst dich jetzt an einem Festessen erfreuen und dann weitergehen.« Als er das gesagt hatte, verschwand er. Sofort erschien in der Nähe ein großes Zelt. Brahmanen kamen aus dem Zelt und luden Sambandar und seine Leute ein. Sie richteten für sie ein Festessen aus mit leckeren Speisen aller Art und mit Sandelpaste und Betel-Blättern. Sambandar, der immer die anderen bedient hatte, wurde jetzt von Gott selbst bedient.

Nachdem sie sich eine Weile lang ausgeruht hatten, stand einer der Brahmanen auf und sagte: »Herr, sollten wir nicht zu Arunagiri (Arunachala) weitergehen?« Sambandar war äußerst glücklich und begleitete den Brahmanen mit seinen Gefährten. Sobald sie sich auf den Weg gemacht hatten, verschwand das Zelt mit den Leuten. Sambandar staunte über die seltsamen Geschehnisse. Ihr Führer verschwand ebenfalls, sobald sie ihr Ziel erreicht hatten. Dann erschienen plötzlich von allen Seiten das Zelt mit den Leuten sowie die Jäger, die sie ausgeraubt hatten, und legten vor Sambandar seine Besitztümer nieder. Dann verschwanden sie wieder. Zitternd und mit Freudentränen in den Augen pries Sambandar den Herrn für seine Freundlichkeit. Er blieb für einige Tage dort, verehrte den Herrn mit seinen Versen, die er ihm zu Ehren gedichtet hatte, und reiste dann weiter. Der Herr hat Sambandar, der ihm demütig diente, aus Zuneigung selbst auf den Berg eingeladen.

Jnana Sambandar wurde so zu einem der berühmtesten *bhaktas*, und viele kamen zu ihm. Er führte ein sehr aktives Leben und pilgerte zu verschiedenen Orten Südindiens. Als er sechzehn war, heiratete er. Kurz nachdem die Hochzeitszeremonien vorüber waren, gingen Braut und Bräutigam in den Tempel, um den *darshan* Gottes zu erhalten. Eine große Menschenmenge begleitete sie. Als sie den Tempel erreichten, war der Ort von Licht erfüllt, und der Tempel war nicht mehr sichtbar. Es war jedoch ein Weg im Licht erkennbar. Jnana Sambandar sagte zu den Leuten, sie mögen diesen Weg nehmen. Er selbst ging mit seiner jungen Frau um das Licht herum, und als sie wieder zu dem Weg kamen, gingen auch sie ihn entlang wie die anderen zuvor. Das Licht verschwand und hinterließ keine Spur von jenen, die zuvor hindurchgegangen waren. Dann wurde der Tempel wieder sichtbar.

Das war das kurze, aber ereignisreiche Leben des Weisen.

(Nagamma: Briefe, 1.2.1947; Sekkizhar: Periya Puranam, 28. Thirujnana Sambandar)

Auf ihrer gemeinsamen Pilgerreise kamen der zwölfjährige Sambandar und Appar nach Vedaranyam. Das Haupttor zum Tempel war verschlossen. Es wird erzählt, dass die alten *Veden* vor langer Zeit menschliche Gestalt angenommen hatten. Sie verehrten den Herrn im Tempel mit *abhishekam* (das Übergießen mit Wasser) und *puja*. Als sie fortgingen, verschlossen sie das Haupttor und versiegelten es. Seitdem hatte keiner den Mut gehabt, es zu öffnen. Deshalb schlug man ein Loch durch die Wand und errichtete einen provisorischen Seiteneingang.

Als Appar und Sambandar fragten, warum das Haupttor verschlossen war, erzählte ihnen der Tempelwächter diese Geschichte und meinte, sie könnten ja auch den Seiteneingang benutzen. Doch das wollten sie nicht und beschlossen, *Ishwara* zu bitten, das Haupttor zu öffnen. Sambandar meinte, dass Appar beten sollte. Appar sang ein Lied von zehn Strophen. *Ishwara* gefiel Appars Lied, doch er war so sehr ins Hören vertieft, dass er vergaß, das Tor zu öffnen.

Als sich das Tor selbst nach der neunten Strophe nicht öffnete, wurde Appar von Kummer überwältigt und sang die zehnte Strophe, die lautete: »Oh Herr, ist Dein Herz noch nicht geschmolzen?« Als selbst das ohne Wirkung blieb, sang er die elfte Strophe. Sie begann mit »Avakkanai Vavalaladar Thittaneer«, was bedeutet: »Als *Ravana* den Berg Kailash mit seinen Händen hochhob, hast du ihn mit deinem kleinen Finger niedergestreckt und ihn tausend Jahre lang bestraft. Wie kannst du da Mitleid mit mir haben?« Als Appar das gesungen hatte, bedauerte *Ishwara* sein Zögern und öffnete sofort das Tor.

Nachdem sie den Tempel betreten und den Herrn verehrt hatten, gingen sie wieder durch das Haupttor hinaus. Appar bat Sambandar, *Ishwara* zu bitten, das Tor wieder zu schließen. Sambandar sang nur eine Strophe, und das Tor schloss sich mit einem Knall. *Ishwara* hatte Appar auf die Probe gestellt, indem er sein Gebet nicht vor der elften Strophe erhört hatte, und Sambandar begünstigt, indem er das Tor sofort schloss, als dieser nur eine Strophe gesungen hatte.

Ein andermal wurde Sambandar auf die Probe gestellt, während Appar bevorzugt wurde. Seit *Ishwara* Appar in Vedaranyam auf die Probe gestellt hatte, fühlte er sich sehr gekränkt und verehrte *Ishwara* noch mehr als jemals zuvor.

Anschließend gingen sie mit ihrer jeweiligen Gefolgschaft zusammen auf Pilgerreise und kamen in das Dorf Tiruveelimalai. Das Dorf litt zu jener Zeit an einer Hungersnot. Sie konnten das Leiden der Dorfbewohner nicht mitansehen und beschlossen, mit ihren jeweiligen Begleitern in zwei verschiedenen *Maths* zu wohnen und von dort aus Lebensmittel an die Bevölkerung zu verteilen. Sie hatten natürlich kein Geld. Deshalb gingen sie zum Dorftempel und beteten zu *Ishwara*.

Ishwara war mit ihrer Verehrung zufrieden und gab jedem von ihnen täglich eine Goldmünze. Die Goldmünze wurde ihnen auf die Türschwelle gelegt. Die Goldmünze, die Appar erhielt, wurde von den Lebensmittelhändlern angenommen, und sie gaben ihm dafür gern die benötigten Artikel. Die Leute konnten deshalb am Vormittag gespeist werden. Der Goldgehalt der Münze, die Sambandar erhielt, war jedoch zu gering, und deshalb gewährten die Händler ihm nur einen Preisnachlass auf die Lebensmittel. Sambandars Gehilfen mussten deshalb zum *Math* zurückkehren, um seine Zustimmung einzuholen, dann wieder zum Laden gehen, die benötigten Artikel kaufen und konnten die Leute erst relativ spät, um etwa 2 Uhr nachmittags speisen.

Schließlich erfuhr Sambandar von der verspäteten Speisung. Als er nachforschte, fand er heraus, dass es an den schlechten Münzen lag, die er täglich vom Herrn erhielt. Er ging in den Tempel und sang zehn Lieder, die alle mit ›Vachiteerave Kachunalguveer‹ begannen, was bedeutet: »Swami, warum gibst du mir Münzen, die nicht aus reinem Gold sind?« Da sprach der Herr, der die Verkörperung der Güte ist, zu ihm: »Appar verehrt mich in seinen Gedanken, mit Worten und Taten, während du es nur mit Gedanken und Worten tust.« Appar reinigte täglich den Boden im Tempel und machte alles sauber und ordentlich. »Ich wollte dir nur den Unterschied zeigen, deshalb habe ich das getan. Fortan werde ich auch dir gute Münzen geben. Sorge dich nicht.« Von da an erhielt er gute Münzen.

(Nagamma: Letters and Recollections, 4.5.1948; Sekkizhar: Periya Puranam, 21. Tirunavukkarasar (Appar); dto., 28. Thirujnana Sambandar)

Appar wurde im Dorf Tiruvamur in der Region Thirumunaipadi in einer Familie von *Shiva*-Anhängern geboren. Sein Vater hieß Pugalanar und seine Mutter Madiniyar. Seine Eltern nannten ihn Marul Neekiyar. Er hatte nur eine Schwester namens Tilakavati. Als er heranwuchs, erwarb er sich Kenntnisse in allen Bereichen und beherrschte sie meisterlich.

Als Tilakavati zwölf Jahre alt war, beschlossen seine Eltern, sie mit einem Kommandanten der königlichen Armee zu verheiraten. Es herrschte zurzeit Krieg, und der Kommandant versprach, sie nach seiner Rückkehr zu heiraten. Inzwischen starb Pugalanar, und seine Frau ließ sich verbrennen (*sati*). Bruder und Schwester waren nun Waisen und warteten auf die Rückkehr des Kommandanten. Aber nach einiger Zeit erfuhren sie, dass er im Krieg gefallen war. Tilakavati wollte ebenfalls *sati* begehen, da ihre Eltern sie dem Kommandanten als Ehefrau versprochen hatten und sie glaubte, sie gehöre deshalb ihm. Voller Kummer warf sich Marul Neekkiyar seiner Schwester zu Füßen und sagte zu ihr, dass er sie als Vater und Mutter betrachte. Wenn sie darauf bestünde, sich auf dem Scheiterhaufen verbrennen zu lassen, dann würde er ebenfalls Selbstmord begehen. Da sie wollte, dass ihr Bruder lebte und erfolgreich war, gab sie ihr Vorhaben auf. Sie heiratete jedoch nicht, sondern blieb Zuhause, widmete sich dem Dienst im *Shiva*-Tempel und verrichtete Bußübungen.

Marul Neekkiyar erkannte, dass materieller Wohlstand vergänglich ist. Er verschenkte sein Geld, sein Gold und anderen Besitz und wurde ein Wandermönch (*sannyasin*). Er ging von Zuhause fort und kam auf seiner Wanderschaft nach Patalipuram (Cuddalore). Der dortige Samana-*Math* war damals bekannt. Wie das Schicksal es wollte, ging er dorthin und trat dem Samana-Kult (einem Jain-Kult) bei. Er erhielt den Titel ›Dharmasena‹ und wurde das Oberhaupt des *Math*, der Familienpriester des Rajah und der Hofpoet. Deshalb blieb er dort.

Tilakavati, die Zuhause geblieben war, hörte diese Neuigkeit und war darüber traurig. Sie wandte sich an ihre Familiengottheit Veerashtaneswara am Ufer des Gedila und betete zu Gott, er möge ihren Bruder vor diesem häretischen Weg retten. Eines Tages erschien ihr *Parameswara* im Traum und sagte: »Oh Büßerin, du kannst jetzt deine Sorgen ablegen. In seinem letzten Leben war dein Bruder ein *sannya-*

sin, aber er hat sein *tapas* nicht ordentlich ausgeführt. Als Folge ist er jetzt einem häretischen Kult beigetreten. Ich werde ihn retten, indem ich ihm Magenschmerzen gebe. Sei ohne Sorgen.«

Sofort litt der Dharmasena an heftigen Magenschmerzen. Einige Leute im *Math*, die in Mantren und im Tantra bewandert waren, taten ihr Bestes, um ihn zu heilen, aber ohne Erfolg. Schließlich gaben sie jede Hoffnung auf. Der Dharmasena konnte die Schmerzen nicht länger ertragen. Da erinnerte er sich an seine Schwester. Er hoffte, sie könne ihm irgendwie helfen, und sandte einen Mann zu ihr, der sie herbringen sollte. Aber sie weigerte sich, ihren eigenen Übungsweg (*dharma*) aufzugeben und in den Samana-*Math* zu kommen. Als der Dharmasena das hörte, bereute er, dass er seinen Weg als *Shiva*-Verehrers, aufgegeben hatte, verließ heimlich in der Nacht den *Math* und kehrte mit zwei Dienern in seine Heimat zurück.

Als er an die Tür seiner Schwester klopfte und nach ihr rief, erkannte sie seine Stimme und öffnete ihm. Er fiel ihr zu Füßen und bat sie um Vergebung. Sie empfing ihn mit offenen Armen und war außer sich vor Freude über die Güte Parameshwaras. Sie gab ihm heilige Asche und lehrte ihn das Panchakshari-Mantra (Namah Shivaya). Er rieb seinen ganzen Körper mit heiliger Asche ein und wiederholte es.

Tilakavati nahm ihren Bruder mit zum Tempel von Veerasthaneswara. Als er sich vor Gott verneigt hatte, begann er, Lieder zu Ehren *Shivas* zu dichten. Der erste der zehn Verse (Padikam) beginnt mit ›Kootrayinavaaru‹.[32] Daraufhin verflüchtigten sich seine Magenschmerzen. Daher stammt der Glaube, dass jeder, der diese Lieder singt, von Krankheit geheilt wird.

Danach nahm er *sannyasa* und ging auf Pilgerreise, wobei er seine *Padikams* sang. Schließlich kam er nach Chidambaram. Nachdem er *Nataraja* verehrt und seine *Padikams* gesungen hatte, ging er mit seinem Gefolge nach Sirkazhi, das in der Nähe liegt. Er hatte gehört, dass Sambandar ein Weiser geworden war, indem er als kleines Kind die Milch Parvatis, der Mutter des Universums, getrunken hatte.

---

[32] »Behandle mich nicht wie der Totengott. Ich habe wegen meiner Unwissenheit viel Schlimmes getan. Oh Herr auf dem heiligen Stier, ich bete Tag und Nacht zu deinen Füßen. Der Schmerz in meinem Magen ist nicht zu ertragen, oh Gott von Veerasthanam! ...« (http://www.shaivam.org/siddhanta/applife.htm, 1.5.2015)

Als Sambandar hörte, dass Marul Neekkiyar zu ihm auf dem Weg war, ging er ihm mit seinem Gefolge entgegen. Als sie sich trafen, fiel Marul Neekkiyar Sambandar zu Füßen. Gerührt half ihm Sambandar auf die Beine und nannte ihn respektvoll ›Appar‹ (Vater). Appar dagegen sah sich als Diener Sambandars. Seitdem ist Marul Neekkiyar als Appar bekannt.

Schließlich gingen sie beide zum Tempel von Brahmapureeswara. Sambandar bat Appar, den Herrn zu verehren, was Appar mit seinen *Padikams* tat. Danach besuchten sie verschiedene Tempel und verehrten Gott mit ihren *Padikams*.

Ihr habt bereits die Geschichte von Vedaranyam und den Goldmünzen gehört. Es gibt noch viele ähnliche Geschichten. Dann kehrte Sambandar nach Patalipuram zurück, besiegte die Leute des Samana-Math in einem Streitgespräch und führte dort den Shivaismus ein. Appar und Sambandar waren immer zusammen.

(Nagamma: Letters and Recollections, 5.5.1948; Sekkizhar: Periya Puranam, 21. Tirunavukkarasar (Appar))

Die Polin Umadevi, die zum Hinduismus übergetreten ist, brachte von ihrer Reise nach Kashmir Fotos mit und zeigte sie in der Halle. Sri Bhagavan meinte humorvoll: »Jetzt haben wir alles gesehen und können uns die Mühe des Reisens ersparen.«

Ein Devotee meinte: »Ich möchte gerne zum Kailash reisen.«[33]

Sri Bhagavan erwiderte: »Man kann diese Orte nur besuchen, wenn es einem bestimmt ist. Wenn man alle gesehen hat, gibt es immer noch vieles, was man nicht gesehen hat, sei es in dieser Hemisphäre oder in einer anderen. Wissen beinhaltet Nichtwissen dessen, was außerhalb davon liegt. Es ist immer begrenzt.«

Nach einiger Zeit erzählte Sri Bhagavan folgende Geschichte:

Appar war gebrechlich und alt, machte sich aber trotzdem auf den Weg zum Kailash. Unterwegs begegnete ihm ein anderer alter Mann und versuchte, ihn von seinem Vorhaben abzubringen. Er sagte, es sei zu schwierig, dorthin zu gelangen. Appar blieb aber hartnäckig und war bereit, sein Leben dafür aufs Spiel zu setzen. Da forderte ihn der Fremde auf, im nahegelegenen Tempelteich unterzutauchen. Appar tat es und fand, was er suchte – den Kailash. Wo ist das alles geschehen? In Tiruvaiyaru, neun Meilen von Tanjore entfernt. Wo also ist der Kailash? Im Geist oder außerhalb von ihm? Wenn in Tiruvaiyaru der wahre Kailash wäre, müsste das auch für andere gelten. Aber es war nur für Appar so.

Auch von anderen Pilgerorten im Süden wird erzählt, dass sie die Wohnstatt *Shivas* seien – und die Verehrer fanden es bestätigt. Von ihrem Standpunkt aus betrachtet ist es wahr. Alles ist im Innern, nichts ist außen.

(Talk 278; Sekkizhar: Periya Puranam, 21. Tirunavukkarasar (Appar))

---

[33] Der Kailash gilt als Wohnstätte *Shivas*.

Der verehrungswürdige Sundaramurthi (Sundarar) gewann im Lauf seiner Pilgerreisen die Freundschaft des Chera-Königs Cheraman Perumal Nayanar, und beide pilgerten nach Madurai. Der Pandya-König und sein Schwiegersohn, der Chola-König, bereiteten ihnen einen herzlichen Empfang und freuten sich, ihre Gastgeber sein zu dürfen.[34]

Sundaramurthi verehrte Gott Sundareswara, den Gemahl der Göttin Meenakshi, und sang mit dichterischer Meisterschaft Loblieder für ihn. In Begleitung des Chera-Königs verehrte er viele heilige Schreine im Süden wie Tirukuttralam, Thirunelveli und Rameshwaram. Danach besuchten sie den heiligen Schrein von Thirukkedeswara in Ceylon und verehrten Gott. Da erinnerte er sich an Thrisulapuram (Thiruchuli), die Stadt der Erlösung, und sie gingen dorthin. Als sie in die Stadt kamen, sah die Bevölkerung die beiden, die wie Sonne und Mond erstrahlten. Sundaramurthi freute sich über den *darshan* des Herrn Bhuminatha, verehrte ihn mit einem Lied, das mit ›Oona uyir Puhalai‹ begann, und wurde von Hingabe überwältigt. Er beschloss, eine Weile an diesem heiligen Ort zu bleiben, und wohnte im *Math* am Ufer des Kaundinya-Flusses.

Eines Nachts erschien ihm der Herr *Shiva* im Traum. Er hatte einen Ball in der Hand (das Symbol des Herrschers) und trug eine Krone auf dem Kopf. Er war jung, von unvergleichlicher Schönheit und sagte mit einem Lächeln auf den Lippen: »Wir wohnen in Jyotivana (Kalleshwara).« Als Sundaramurthi das hörte, wachte er aufgeregt auf und dachte an die große Freundlichkeit des Herrn, der ihm erschienen war und seine Güte über ihn ausgegossen hatte. Voller Freude erzählte er dem Chera-König von der wundervollen Vision und sang für den Herrn von Kalleshwara das Thevara *Padikam*, das mit den Worten ›Thondar Adithodalalum‹ beginnt.

Von dort aus machten sie sich auf den Weg zum weiter entfernten heiligen Ort Tiruppunavayil. Da trafen sie den Gott von Kalleshwara, der ihm im Traum erschienen war, und die Göttin Amba in Gestalt eines alten Brahmanenpaares. Als Sundaramurthi sie fragte: »Wer

---

[34] Südindien wurde bis ins 15. Jh. von den drei Dynastien der Cheras, Cholas und Pandyas regiert.

seid ihr? Woher kommt ihr?«, antworteten sie: »Wir werden deine Frage später beantworten. Gib uns zuerst etwas zu essen. Wir haben Hunger.« Sundaramurthi ließ eine Mahlzeit zubereiten und sah dann nach dem Paar, aber sie waren nirgends mehr zu finden. Man suchte vergeblich in allen Straßen und Gassen des Dorfes nach ihnen. Als er zum *Math* zurückkam, war das gekochte Essen verschwunden, und die Blätter, auf denen die Mahlzeit serviert worden war, lagen überall verstreut umher. Sundaramurthi wunderte sich und rief aus: »Ach, was für ein Wunder! Was kann das anderes sein als das Spiel (*leela*) des Herrn des Universums?« Da hörte er eine Stimme: »Wohin willst du denn gehen, ohne zu uns zu kommen? Wir wohnen in Jyotivana (Kalleshwara).« Sundaramurthi fragte sich, wo Jyotivana liege und wie man dorthin käme. Da sagte die Stimme: »Wir reisen mit unserem Wagen, der vom heiligen Stier Nandi gezogen wird, dorthin. Ihr könnt mitkommen, indem ihr seiner Fährte folgt.«

Sundaramurthi und seine Anhänger folgten der Fährte, aber plötzlich war sie verschwunden. Verwirrt stand er da, als die unsichtbare Stimme sagte: »Seht genau hin.« Als er sorgsam nach der Fährte Ausschau hielt, sah er einen Ort, der voller *Shiva-lingams* war. Es gab keinen Platz zwischen ihnen, um hindurchzugehen. Er und die anderen waren verwirrt. Doch plötzlich entdeckte er einen schmalen Weg. Sie gingen ihn entlang, bis sie den Tempel von Kalleshwara erblickten. Im Wasserbecken vor dem Tempel nahmen alle ihr Bad. Als sie jedoch in den Tempel gehen wollten, war er mit seinen Türmen plötzlich verschwunden. Sundaramurthi war verwirrt und sang Lieder zum Lob Gottes, in denen es heißt: »Ist das geschehen, weil ich erst gebadet habe, bevor ich dich im Tempel verehrte?« Plötzlich erschien ein Licht, und die Spitze des Tempelturms wurde wieder sichtbar, dann der Tempel selbst mit seiner Umfassungsmauer. Sundaramurthi freute sich, hatte den *darshan* Gottes, verehrte ihn, sang Lieder ihm zu Ehren und setzte dann seine Pilgerreise fort.

Das ist eine wunderbare Geschichte. Es gibt noch viele andere Geschichten über ihn.

(Nagamma: Briefe, 26.1.1947)

Eine Amerikanerin war nicht gewohnt, auf dem Boden zu sitzen. Sie setzte sich in der Halle irgendwie hin und streckte ihre Beine Bhaga-vans Sofa entgegen. Einer der Helfer bat sie, mit gekreuzten Beinen zu sitzen.

Bhagavan beobachtete das und rügte ihn: »Wenn es für sie [die aus-ländischen Besucher] schon schwierig ist, auf dem Boden zu sitzen, musst du sie dann auch noch zwingen, mit verschränkten Beinen zu sitzen?«

»Nein, natürlich nicht!«, verteidigte sich der Helfer. »Ich habe sie lediglich darauf aufmerksam gemacht, dass es respektlos ist, Bhaga-van die Füße entgegenzustrecken.«

»Ach so, es ist also respektlos«, erwiderte Bhagavan leichthin. »Dann ist es auch respektlos, wenn ich ihnen meine Füße entgegen-strecke. Was du sagst, gilt dann natürlich auch für mich.«

Da kreuzte er ebenfalls die Beine. Wegen seines Rheumatismus wer-den dadurch seine Beine in zehn Minuten steif. Er kreuzte sie immer wieder und streckte sie dann wieder aus. Er meinte, es könne als respektlos angesehen werden. Selbst nachdem die Besucher gegan-gen waren, blieb er mit gekreuzten Beinen sitzen und meinte: »Ich weiß nicht, ob ich sie ausstrecken darf. Man sagt, das gehöre sich nicht.«

Der Helfer stand niedergeschlagen und reumütig neben Bhagavan. Da hatte Bhagavan Mitleid mit ihm und streckte seine Beine wieder aus wie immer. Dann erzählte er folgende Geschichte:

Als der Rajah von Chera bemerkte, dass Sundaramurthi auf einem weißen Elefanten zum Kailash[35] ritt, flüsterte er seinem Pferd das Mantra ›Om Namah Shivaja‹ ins Ohr und machte sich ebenfalls zum Kailash auf den Weg. Avvaiyar[36], die soeben dem Herrn Ganesha zu Ehren eine *puja* feierte, sah die beiden zum Kailash reiten. Sie beeilte sich, damit fertig zu werden, da sie auch dorthin wollte. Als Ganesha das bemerkte, sagte er zu ihr: »Alte Frau, du brauchst dich nicht zu

---

[35] die Wohnstatt von *Shiva* und *Parvati*
[36] Avvayar bedeutet wörtlich: achtbare Frau

beeilen. Feiere deine *puja* wie immer. Ich werde dich zum Kailash bringen, und du wirst noch vor ihnen dort sein.« Sie feierte also ihre *puja* wie immer. Als sie fertig war, wedelte Ganesha mit der Hand und sagte: »Alte Frau, mach die Augen zu.« Das war alles. Als sie ihre Augen wieder öffnete, fand sie sich auf dem Kailash vor *Parvati* und dem höchsten Herrn *Parameswara* wieder. Als Sundaramurthi und der Rajah von Chera eintrafen, waren sie überrascht, sie dort vorzufinden, und fragten sie, wie sie hergekommen sei. Sie erzählte es ihnen. Da freuten sie sich sehr, dass ihre Hingabe belohnt worden war.

Avvaiyar war sehr alt, und deshalb setzte sie sich dem höchsten Herrn gegenüber, indem sie ihre Beine ausstreckte wie ich. *Parvati* konnte den Anblick nicht ertragen. Sie ärgerte sich, da sie es als eine große Beleidigung ansah, dass jemand dem Herrn mit ausgestreckten Beinen gegenübersaß. Deshalb bat sie *Parameswara*, das der alten Frau sagen zu dürfen. Er aber meinte: »Sag lieber nichts. Wir sollten schweigen.« Doch *Parvati* konnte diese Beleidigung nicht ertragen. Sie flüsterte ihrer Magd ins Ohr, sie möge die alte Frau darauf ansprechen. Die Magd sagte zur alten Frau: »Großmutter, du solltest deine Beine nicht *Ishwara* entgegenstrecken.« Da erwiderte Avvaiyar: »Tatsächlich? Dann sag mir, auf welcher Seite *Ishwara* nicht ist. Soll ich mich dahin wenden?« Sie streckte ihre Beine in eine andere Richtung aus, und *Ishwara* wandte sich nun dorthin. Als sie ihre Position nochmals änderte, drehte er sich ebenfalls. Der Herr musste sich jeweils auf die Seite wenden, wohin sie ihre Beine legte. *Ishwara* sagte zu *Parvati*: »Verstehst du es jetzt? Du wolltest ja nicht auf mich hören! Sieh bloß, wie sie mich ständig herumdreht. Deshalb habe ich dir gesagt, du sollst den Mund halten.« Da bat *Parvati* die alte Frau um Verzeihung.

Es ist dasselbe, wenn man den Leuten sagt, sie sollen ihre Beine nicht Swami entgegenstrecken, denn wo ist er nicht?

(Nagamma: Briefe, 25.8.1946)

SUNDARAMURTHIS VERPFLICHTUNG ZUM DIENST

Sundaramurthi wurde im heiligen Ort Tirunavalur im Thirumunaippadi-Distrikt geboren. Er gehörte der brahmanischen *Shiva*-Kaste der Adi Saivam[37] an. Sein Vater war ein *Shiva*-Priester namens Chadayanar, der auch Sivacharya genannt wurde, und seine Mutter hieß Isaijnaniyar. Seine Eltern gaben ihm den Namen Nambiyarurar. Als er eines Tages auf der Straße mit einem Spielzeugwagen spielte, sah ihn der König Narasinga Maniyar und fand an ihm Gefallen. Er fragte seinen Vater Sivacharya, ob er ihm den Jungen überlassen würde. Der Vater war damit einverstanden, und der Junge wurde der Pflegesohn des Königs. Der brahmanische Ritus der Übergabe der Brahmanenschnur an den Jungen und seine Einweisung in die vedische Lehre wurden genau befolgt, und er wurde in allen Künsten bewandert.

Als er ins heiratsfähige Alter kam, wurde beschlossen, dass er die Tochter eines Verwandten namens Chatangavi Sivacharya heiraten sollte. Alle Verwandten wurden zum Fest eingeladen. Einen Tag vor dem Fest führte Sundaramurthi die üblichen Zeremonien aus und ritt am Hochzeitstag frühmorgens im Festtagsgewand des Bräutigams in Begleitung seiner Verwandten zum Haus der Braut im Dorf Puttur. Als er dort ankam, stieg er vom Pferd und setzte sich auf den Hochzeitssitz in der Hochzeitshalle, wie es üblich war. Trommeln erklangen, während die Braut erwartet wurde.

Da kam der Herr *Shiva* als alter Brahmane verkleidet in die Hochzeitshalle und verkündete: »Bitte hört alle zu, was ich zu sagen habe.« Dann sagte der alte Mann zu dem Jungen: »Es gibt eine Übereinkunft zwischen dir und mir. Zuerst erfüllst du sie, dann kannst du heiraten.« Der Junge erwiderte: »Sag uns zuerst, was sie beinhaltet.« Der alte Brahmane sagte zu den Anwesenden: »Ihr Herren, dieser Junge ist mein Diener. Ich besitze den Vertrag seines Großvaters.« Sundaramurthi erwiderte: »Oh du Verrückter, es reicht! Wir hören zum ersten Mal, dass ein Brahmane der Diener eines anderen Brahmanen ist. Verschwinde!« Der Brahmane antwortete: »Ich bin weder ein Verrückter noch ein Teufel. Du kannst mich nicht beleidigen. Du hast überhaupt nichts von dem verstanden, was ich gesagt habe. Hör

---

[37] eine Brahmanenkaste von Tempelpriestern

mit deinem kindischen Gerede auf, komm mit und diene mir.« Sundaramurthi forderte: »Zeig mir die Vereinbarung.« »Wer bist du, dass du verlangen könntest, die Vereinbarung zu sehen?«, entgegnete der alte Mann. »Wenn die hier Anwesenden die Vereinbarung sehen und ihre Echtheit bestätigen, musst du mir dienen.«

Sundaramurthi wurde wütend und stürzte sich auf den Mann, um ihm das Dokument aus der Hand zu reißen. Der Brahmane rannte fort, doch der Junge verfolgte ihn, schnappte es sich schließlich und riss es in Stücke. Der alte Mann hielt Sundaramurthi fest und fing zu schreien an. Die Hochzeitsgäste waren beunruhigt, trennten die beiden voneinander und sagten zum Brahmanen: »Du sprichst von Vereinbarungen, die es so noch nie gegeben hat. Du streitsüchtiger alter Mann! Woher kommst du?« Der Brahmane erwiderte: »Ich komme aus Thiruvennainallur. Hat nicht dieser Junge seine Dienstverpflichtung soeben bestätigt, indem er mir das Dokument weggenommen und es zerrissen hat? Stimmt ihr mir da nicht zu?« Sundarmurthi erwiderte: »Wenn du in Thiruvennainallur wohnst, kann es dort entschieden werden.« Der Brahmane: »Ja, Kommt mit mir. Ich werde dem Brahmanen-Rat das Originaldokument vorlegen und mein Recht einfordern.«

Der Brahmane ging voran, und Sundamurthi und alle anderen Brahmanen folgten ihm. Sobald sie zum Brahmanen-Rat in diesem Dorf gekommen waren, brachte der listige alte Brahmane seinen Anspruch vor und sagte, dass der Junge Nambiyarurar die Vereinbarung zerrissen habe. Die Richter meinten: »Wir haben noch nie davon gehört, dass ein Brahmane der Diener eines Brahmanen ist.« Der Brahmane erwiderte: »Ich erhebe keinen falschen Anspruch. Das Dokument, das dieser Junge zerrissen hat, ist eine Vereinbarung seines Großvaters, dass er mir dienen soll.«

Die Richter fragte Sundaramurthi: »Glaubst du, du kannst den Fall gewinnen, indem du einfach das Dokument deines Großvaters zerreißt? Was hast du dazu zu sagen?« Er erwiderte: »Ihr rechtschaffenen Männer, ihr seid im Veda bewandert. Ihr wisst, dass ich ein Adi Saiva bin. Selbst wenn dieser alte Brahmane beweisen kann, dass ich sein Diener bin, müsst ihr es als unwirksam anerkennen. Was kann ich zu einem solchen Anspruch sagen?« Die Richter sagten zum Brahmanen: »Du musst uns zuerst beweisen, dass er dein Diener ist. Dazu sind drei Dinge nötig: der Brauch, ein schriftlicher Nachweis und ein mündlicher Nachweis. Solltest du nicht wenigstens eins davon erbringen können?« Der Brahmane erwiderte: »Herr, er hat nur die Kopie zerrissen. Ich habe das Original noch.«

Die Richter wollten es sehen und versprachen ihm, dass Sundaramurthi es nicht zerreißen konnte. Da holte der alte Mann das Original aus den Falten seines Gewandes hervor und zeigte es ihnen. Ein Dorfbewohner, der unerwartet hinzugekommen war, wurde gebeten, es vorzulesen. Er verneigte sich vor den Richtern, entfaltete das Original und las laut vor: »Ich bin ein Mitglied der Kaste der Adi Saivas und heiße Arurar. Ich wohne im Dorf Thiruvennainallur und habe diese Übereinkunft aus freiem Willen getroffen. Ich und alle meine Nachfahren werden bei Pitthan (wörtl. der Verrückte), der in Thiruvennainallur wohnt, Dienst tun. Gezeichnet Arurar.«

Die Richter bestätigten mit ihrer Unterschrift, dass sie die Übereinkunft gesehen hatten, und baten Sundaramurthi, die Handschrift seines Großvaters zu bestätigen. Der Mann, der vorgab, ein Brahmane zu sein, sagte: »Herr, er ist noch ein Junge. Wie kann er die Handschrift seines Großvaters bestätigen? Wenn wir noch etwas anderes in der Handschrift seines Großvaters haben, dann bringt es her, damit wir es mit diesem Schriftstück vergleichen können.« Sie stimmten alle zu, und die Verwandten Sundaramurthis suchten nach einem Dokument in der Handschrift des Großvaters und brachten es her. Die Richter verglichen die beiden Dokumente miteinander und bestätigten, dass die Handschrift dieselbe war. Sie sagten zu Sundaramurthi: »Junge, du kannst dem nicht entkommen. Du hast verloren. Du musst diesem Mann dienen, wie der alte Mann es verlangt.« Sundaramurthi war bestürzt und sagte, er würde dem Folge leisten, wenn das sein Schicksal sei.

Sie hatten Mitleid mit dem Jungen und immer noch Zweifel an dem Brahmanen und fragten ihn: »Herr, dieses Dokument sagt, dass du zu diesem Dorf gehörst. Kannst du uns zeigen, wo dein Elternhaus und dein Besitz ist?« Der Brahmane tat, als sei er überrascht, und sagte: »Was! Ihr kommt alle aus diesem Dorf, ihr seid so gelehrt und intelligent und schon älter. Kennt nicht einer von euch mein Haus? Wie seltsam! Also kommt mit mir!« Er ging voraus, und alle folgten ihm. Sie sahen ihn in den *Shiva*-Tempel gehen und waren bestürzt.

Sundaramurthi dachte: »Der Brahmane, der mich zu seinem Diener gemacht hat, hat den Tempel meines Gottes *Parameswara* betreten! Was für ein Wunder!« Mit diesen Gedanken folgte er erwartungsvoll dem Brahmanen und betrat mit großer Sehnsucht den Tempel, wobei er rief: »Oh Brahmane!« Sofort erschien der Herr *Shiva* in Begleitung der Göttin *Parvati*. Sie saßen auf dem heiligen Stier, und *Shiva* sagte: »Mein Sohn! Du bist Aalaala Sundarar, einer meiner Hauptdiener. Du wurdest aufgrund eines Fluchs hier auf Erden geboren. Du hast mich gebeten, dich als mein Eigentum anzunehmen, wo immer du auch seist, auch während des Fluchs. Ich habe dich deshalb zu meinem Diener gemacht.«[38]

Sobald Sundaramurthi die Worte des höchsten Herrn gehört hatte, war er so glücklich wie ein Kalb, das den Ruf der Mutterkuh hört. Mit zitternder Stimme und Freudentränen in den Augen verneigte er sich vor ihm und sagte mit gefalteten Händen: »Oh Herr! Du hast mit meinem wertlosen Sein Erbarmen. Halte mich fest wie die Katze ihre Kätzchen und mach mich dein eigen. Welche Gnade!« Und er pries ihn. Der große Herr war zufrieden und sagte: »Mein Sohn, da du mit mir gestritten hast, sollst du den Namen ›Van Thondan‹ tragen. Dein Dienst besteht darin, mich mit Blumen und Gedichten zu verehren. Dichte Lieder mir zu Ehren und singe sie.« Mit gefalteten Händen sagte Sundaramurthi: »Oh Herr, du bist als Brahmane verkleidet zu mir gekommen und hast deinen Anspruch auf mich erhoben. Ich habe ihn angefochten und mit dir gestritten, ohne zu wissen, wie groß du bist. Du bist der höchste Herr, der mich an meine Vergangenheit erinnert und mich davor bewahrt hat in weltliches Handeln und Benehmen zu fallen und darin unterzugehen. Was weiß ich schon von deinen grenzenlosen Fähigkeiten, und was soll ich darüber singen?« *Ishwara* sagte: »Du hast mich bereits Pithan (Verrückter) genannt. Also dichte Lieder über mich als den Verrückten.« Dann verschwand er. Sundaramurthi sang sofort ein *Padikam*, das mit den Worten ›Pittha pirai sudi‹ (Oh Verrückter, der den Halbmond trägt) begann.

(Nagamma: Briefe, 27.1.1947; Sekkizhar: Periya Puranam, S. 31-35)

---

[38] Der Legende nach lebte Sundarar in seiner vorherigen Geburt als Aalaala Sundarar bei *Shiva* auf dem Kailash. Einmal warf er einen lustvollen Blick auf zwei Dienerinnen *Parvatis* und verliebte sich in sie. Als Strafe musste er dann als Mensch geboren werden. Sundarar weinte bitterlich und bat den Herrn, er möge ihm helfen, ihn in seinem Leben auf Erden niemals zu vergessen.

Manikkavachakar wurde im Dorf Vaadavur (Vaatapuri) im Pandya-Distrikt geboren. Deshalb nannten ihn die Leute ›Vaadavurar‹. Er ging schon sehr früh zur Schule, las religiöse Bücher, nahm alles in sich auf und wurde für seine Verehrung *Shivas* bekannt wie auch für seine Freundlichkeit, die er allen Lebewesen entgegenbrachte. Als der Pandya-König von ihm hörte, ließ er ihn holen, machte ihn zu seinem Premierminister und übertrug ihm den Titel ›Thennavan Brahmarayan‹ (Führer der Brahmanen im Süden). Obwohl er als Minister die Aufgaben mit Taktgefühl und Integrität ausübte, wünschte er sich keinen materiellen Wohlstand. Sein Geist war immer mit Spirituellem beschäftigt. Er war davon überzeugt, dass zur Erlangung der Erkenntnis (*jnana*) die Gnade eines Gurus nötig sei, und machte sich deshalb auf die Suche.

Einmal befahl der Pandya-König dem Minister, einige gute Pferde zu kaufen. Da Manikkavachakar auf der Suche nach einem Guru war, dachte er, das sei eine gute Gelegenheit, und machte sich mit seinem Gefolge auf den Weg. Das für den Kauf benötigte Gold trug er bei sich. Er besuchte alle Tempel auf dem Weg und kam in das Dorf Tiruperundurai.

Parameswara erkannte, dass Manikkavachakar reif war, und nahm die Gestalt eines Schullehrers an. Seit einem Jahr unterrichtete *Ishwara* die armen Kinder des Dorfes in einer offenen Halle beim Tempel. Seine Mahlzeiten, die nur aus grünem Gemüse bestand, nahm er jeden Tag der Reihe nach im Haus eines seiner Schüler ein. Sehnsüchtig wartete er auf die Ankunft Manikkavachakars, da er wusste, dass er reif war.

Als Manikkavachakar ankam, nahm *Ishwara* die Gestalt eines *siddha purusha* (einer verwirklichten Seele) an. Er saß unter dem Kurundai-Baum im Tempelbereich und hatte viele *sannyasins* um sich versammelt. Manikkavachakar kam zum Tempel, hatte den *darshan* des Herrn im innersten Schrein, und als er den Tempel umrundete, sah er den *siddha purusha*. Er war erregt, und seine Augen füllten sich mit Tränen. Spontan faltete er die Hände über seinem Kopf, um *Ishwara* zu grüßen, und fiel ihm wie ein entwurzelter Baum zu Füßen. Als er sich wieder erhob, bat er, als sein Schüler angenommen zu werden. Da *Ishwara* diese Gestalt nur angenommen hatte, um ihn zu segnen, gab er ihm durch seinen Blick sofort *jnana upadesa* (die Einweihung in die Erkenntnis).

Manikkavachakar war unbeschreiblich glücklich, und die Belehrung durch *Ishwara* schlug tiefe Wurzeln in seinem Herzen. Mit gefalteten Händen und Freudentränen in den Augen ging er um den Guru herum, ehrte ihn, entledigte sich seiner Amtstracht und seines Schmucks, legte alles bei seinem Guru ab und stand nur noch mit einem Lendentuch bekleidet vor ihm. Er fühlte sich inspiriert und dichtete und sang spontan fromme Lieder seinem Guru zu Ehren. *Ishwara* freute sich. Er nannte ihn ›Manikkavachakar‹ und befahl ihm, dazubleiben und ihn zu verehren. Damit war seine Mission erfüllt, und der Herr verschwand.

Manikkavachakar war davon überzeugt, dass der *siddha purusha*, der ihn gesegnet hatte, niemand anderes als *Ishwara* selbst gewesen war. Er wurde von unerträglicher Trauer erfasst, ließ sich auf die Erde fallen und jammerte: »Oh mein Herr! Warum bist du fortgegangen und hast mich hier zurückgelassen?« Die Dorfbewohner wunderten sich darüber und machten sich auf die Suche nach dem Schullehrer, konnten ihn aber nirgends finden. Dann begriffen sie, dass es ein Spiel (*leela*) des Herrn gewesen war. Nach einiger Zeit überwand Manikkavachakar seinen Kummer und beschloss, den Anweisungen *Ishwaras* Folge zu leisten. Er schickte sein Gefolge nach Madurai zurück, vermachte alles Gold, das er dabei hatte, dem Tempel, und lebte dort für sich alleine.

Als der König hörte, was geschehen war, ließ er Manikkavachakar ausrichten, er möge sofort nach Madurai zurückkehren. Aber wie konnte er sich ohne die Pferde vor dem König blicken lassen? Wo war das Geld, Pferde zu kaufen? Da er nicht wusste, was er tun sollte, betete er zum Herrn *Shiva* um Hilfe. In dieser Nacht erschien der Herr *Shiva* ihm im Traum, gab ihm einen wertvollen Edelstein und sagte: »Gib ihn dem König und sag ihm, dass die Pferde an dem Tag im Monat Sravana (Juli/August), an dem der Mula-Stern im Sternbild Skorpion aufleuchtet, kommen werden.« Manikkavachakar wunderte sich über diesen Traum und öffnete die Augen, aber der Herr war nicht da. Er freute sich, zog seine Amtstracht an und ging nach Madurai. Er gab dem König den Edelstein, berichtete ihm, dass an diesem glückverheißenden Tag die Pferde eintreffen würden, und wartete dann bang. Seine offiziellen Pflichten nahm er jedoch nicht wieder auf. Obwohl er in Madurai war, war er in Gedanken doch in Tiruperundurai. Er wartete nur ab. Doch der Pandya-König schickte Spione nach Tiruperundurai, die herausfanden, dass dort keine Pferde für ihn bereitstanden und dass alles Geld, das für ihren Kauf gedacht gewesen war, für die Renovierung des Tempels ausgegeben worden war. Er ließ Manikkavachakar sofort einsperren und ihn alle Widerwärtigkeiten des Gefangenenlebens erfahren.

Am Tag, als der Mula-Stern schien, nahm *Ishwara* die Gestalt eines Reiters an, verwandelte die Schakale des Dschungels in Pferde und brachte sie dem König. Der König wunderte sich, nahm die Pferde entgegen und ließ sie in seine Ställe zu seinen anderen Pferden bringen. Überschwänglich dankte er dem Reiter, schickte ihn mit Geschenken fort, entschuldigte sich bei Manikkavachakar und ließ ihn frei. In derselben Nacht verwandelten sich die Pferde wieder in Schakale. Sie töteten die Pferde in den Ställen, fraßen sie, verwüsteten die Stadt und flohen. Der König war wütend, beschimpfte Manikkavachakar als Betrüger und ließ ihn wieder einsperren.

Bald darauf ließ *Ishwara* den Fluss Vaigai über die Ufer treten, und die ganze Stadt Madurai stand unter Wasser. Der König rief alle Einwohner zusammen und befahl ihnen, Dämme am Fluss zu bauen. Er befahl jedem Einwohner, seinen Anteil an der Arbeit zu erbringen, und drohte mit schrecklichen Strafen, falls sein Befehl nicht befolgt werden würde.

In Madurai lebte eine alte Frau namens Pittuvani Ammayar. Sie war eine fromme Verehrerin *Shivas*. Sie lebte allein und verdiente ihren Lebensunterhalt, indem sie täglich Pittus (süßer Reis, der in eine Kegelform gepresst wird) zubereitete und verkaufte. Sie hatte niemanden, der ihren Teil der Arbeit an dem Damm übernehmen konnte, und auch kein Geld, um jemanden dafür zu bezahlen. Deshalb war sie sehr bekümmert und rief: »*Ishwara*, was soll ich tun?«

Als *Ishwara* sah, wie hilflos sie war, kam er in Gestalt eines Tagelöhners mit einer Schaufel auf der Schulter zu ihr und rief: »Großmutter, Großmutter, kannst du einen Tagelöhner gebrauchen?« »Ja,« erwiderte sie, »aber ich habe keinen Cent, um dich zu bezahlen. Was soll ich tun?« Er erwiderte: »Ich möchte kein Geld und wäre zufrieden, wenn du mir einige von deinen Pittus zu essen gäbest. Ich werden dann die Arbeit am Damm erledigen.« Sie freute sich über das Angebot und machte Pittus, aber sie kamen nicht gut aus der Form und waren zerbrochen. Sie wunderte sich darüber und gab alle Stücke dem Tagelöhner. Er aß so viel davon wie er konnte, und sagte dann, er würde jetzt gehen, um die Arbeit zu erledigen. Erstaunlicherweise hatte sie immer noch gleich viel Teig, obwohl sie davon Pittus zubereitet und sie dem Tagelöhner gegeben hatte. Der Tagelöhner ging zur Arbeitsstelle, doch anstatt zu arbeiten, lungerte er träge herum und war den anderen Arbeitern im Weg.

Der König machte seine Inspektionsrunde und sah, dass die Arbeit, die Ammayar zugedacht war, nicht getan war. Als er nachfragte, erzählte ihm ein Diener alles über den faulen Tagelöhner. Der König wurde wütend, ließ ihn zu sich bringen und sagte: »Statt zu arbeiten, hängst du hier herum und singst.« Er schlug ihn mit einem Stock auf den Rücken, aber der Stock schlug nicht nur auf den König zurück, sondern auf alle Lebewesen, und alle hatten Schmerzen. Da erkannte der König sofort, dass es *Parameswara* war, den er geschlagen und der die Gestalt eines Tagelöhners angenommen hatte. Er war darüber entsetzt. *Parameswara* verschwand, und eine Stimme vom Himmel sagte: »Oh König! Manikkavachakar ist mein geliebter Verehrer. Ich selbst habe all das getan, um dir seine Größe zu zeigen. Lass ihn frei und suche seinen Segen.«

Der König machte sich auf den Weg, um Manikkavachakar zu besuchen. Unterwegs ging er bei Pittuvani Ammayar vorbei, aber sie war bereits in einen himmlischen Wagen (*vimanam*) gestiegen, der sie zum Kailash brachte. Der König staunte und grüßte sie. Dann ging er sofort zu Manikkavachakar und fiel ihm zu Füßen. Manikkavachakar half ihm ehrfurchtsvoll auf die Beine und fragte, wie es ihm gehe. Der König flehte: »Verzeih mir! Regiere du das Königreich!« Manikkavachakar sah den König an und sagte freundlich: »Appa (Vater), da ich bereits dem Herrn diene, kann ich mich nicht auch noch mit den Problemen eines Königreichs befassen. Bitte missverstehe mich nicht. Regiere selbst das Königreich und kümmere dich um das Wohl der Leute. Von nun an hast du keine Sorgen mehr.«

Als er das gesagt hatte, legte er das Gewand eines *sannyasin* an und ging fort, um heilige Orte zu besuchen und das Lob *Shivas* zu singen.

(Nagamma: Letters and Recollections, 21.9.1947)

Natarajas Tanz

Manikkavachakar wanderte von einem Ort zum nächsten, bis er nach Chidambaram kam. Dort sah er *Nataraja*s Tanz und begann, fromme Lieder zu singen. Er blieb in Chidambaram.

Eines Tages hatte *Nataraja* die Idee, die Größe Manikkavachakars unter den Leuten bekannt zu machen und sie mit seiner hervorragenden Liedersammlung zu segnen. Als Brahmane verkleidet ging er nachts in Manikkavachakars Haus. Er wurde dort herzlich empfangen, und als man ihn nach dem Grund seines Besuches fragte, sagte der Herr lächelnd und mit großer Vertraulichkeit: »Du hast auf deiner Pilgerreise zu heiligen Orten Lieder gesungen und tust es auch hier. Darf ich sie hören? Ich habe schon lange vor, dich zu besuchen und singen zu hören, konnte aber bisher nicht die Zeit dafür finden. Deshalb bin ich heute Nacht zu dir gekommen. Ich hoffe, dich stört es nicht. Kannst du singen? Erinnerst du dich an all deine Lieder?«

Manikkavachakar erwiderte: »Es macht nichts, wenn ich nicht zum Schlafen komme. Ich werde alle Lieder singen, die mir in den Sinn kommen. Bitte hör zu.« Dann begann Manikkavachakar voller Ekstase zu singen. Der Herr in Gestalt des Brahmanen setzte sich nieder und schrieb die Lieder auf Palmblätter auf. Manikkavachakar war so versunken, dass er es nicht bemerkte. Er sang immer weiter, vergaß sich dabei völlig im Gedanken an Gott und schwieg schließlich. Der alte Brahmane verschwand still.

Bei Tagesanbruch kam der Priester wie üblich zum *Nataraja*-Tempel, um die morgendliche *puja* zu feiern. Als er die Tore öffnete, fand er auf den Stufen vor dem Bildnis *Natarajas* ein Buch aus Palmblättern. Als er das Buch öffnete und seinen Inhalt prüfte, sah er, dass der Titel ›Tiruvachakam‹[39] lautete und Manikkavachakar als Verfasser angegeben war. Es war mit ›Tiruchitrambalam‹ (Chidambaram) signiert und trug auch den Stempel des Herrn *Nataraja*. Die Tempelpriester waren erstaunt und versammelten sich. Sie ließen Manikkavachakar kommen, zeigten ihm das Tiruvachakam mit der Unterschrift *Natarajas* und baten ihn, ihnen über die Entstehung der Lieder zu berichten.

Manikkavachakar sagte nichts, sondern bat sie, ihn zu begleiten. Er ging in *Natarajas* Tempel und stellte sich dem Herrn gegenüber. »Ihr Herren, nur der Herr vor uns kann eure Fragen beantworten. Er ist die Antwort.« Nachdem er das gesagt hatte, ging er in den Herrn ein.

Als Bhagavan diese Geschichte erzählte, zitterte seine Stimme. Unfähig weiterzusprechen, schwieg er.

(Nagamma: Letters and Recollections, 21.9.1947)

---

[39] Das Tiruvachakam ist die bekannte Liedersammlung Manikkavachakars, der 8. Band des Tirumurai, des zwölfbändigen *Shiva*-Kanons (9. Jh.).

DIE GESCHICHTE VOM HEILIGEN JÄGER KANNAPPAR

Kannappar vor dem *Shiva-Lingam,*
als er sich gerade sein zweites Auge ausstechen will

Kannappar entstammte einem wilden Bergvolk. Sein Vater Naaga war als bester Jäger das Stammesoberhaupt, und Kannappar, der ein stattlicher, unerschrockener und im Jagen geschickter junger Mann geworden war, trat schließlich dessen Nachfolge an. Nach der feierlichen Zeremonie brach Kannappar mit seinen Gefolgsleuten zur großen Jagd auf. Als sie einen mächtigen Eber erlegt hatten, waren sie hungrig und wollten ihn braten. Einer von ihnen erinnerte sich daran, dass in der Nähe des Berges Kalahasti ein klarer Bach floss, wo sie auch ihren Durst stillen konnten. Kannappar und Naanan machten sich auf den Weg zu jenem Berg, auf dem der Herr (*Shiva* von Kalahasti) ein *lingam* hat. Kannappar schlug vor hinaufzusteigen, den *darshan* des Herrn zu erhalten und ihn zu verehren. In diesem Moment spürte er, dass sein Leben eine andere Wendung nehmen würde. Sein Herz war plötzlich von großer Sehnsucht erfüllt. Mit überströmender Liebe eilte er dem höchsten Herrn in Gestalt des *lingams* entgegen. Seine Haare standen ihm zu Berge, und Tränen strömten aus seinen Augen. Er sagte sich: »Jener, den ich seit einer Ewigkeit suche, ist hier gefangen. Wie die abgehärteten Männer unseres Stammes wurde mein Herr hier ohne einen Freund zurückgelassen, um den Gefahren des Waldes zu begegnen. Was für ein Jammer, dass ich es nicht früher erkannt habe!«

Dann bemerkte er, dass jemand das *lingam* verehrt hatte, denn Blätter und Blumen waren darübergestreut, und Wasser war darüber ausgegossen worden. Er dachte, dass dies eine Schandtat für den Herrn sein müsse, und fragte Naanan, ob er wisse, wer dies getan haben könnte. Naanan erwiderte, dass er einmal auf seiner Jagd einen Brahmanen bei seinen Riten und beim Murmeln seiner Mantren beobachtet habe und dass er wohl auch heute dagewesen sei. Der leidenschaftliche Kannappar dachte: »Ist das etwa ein Gottesdienst, der dem Herrn gefällt? Ich sollte auch einen Gottesdienst verrichten, aber wie kann ich weggehen, meinen Herrn alleine lassen und ihm Fleisch zu seiner Mahlzeit und Wasser für sein Bad bringen?«

Schließlich entschloss er sich, den Berg hinabzusteigen, um dem Herrn zu essen zu bringen, in der Hoffnung, dass dem Herrn in der Zwischenzeit nichts zustoßen möge. Seine Liebe trieb ihn zur Eile an, sodass Naanan ihm kaum folgen konnte. Sie erreichten den Fluss, wo ihr Kamerad Kannadan auf sie gewartet und in der Zwischenzeit den Eber gebraten hatte. Er machte ihnen Vorwürfe, so lange ausgeblieben zu sein. Naanan berichtete ihm: »Er konnte sich vom Herrn auf dem Berg nicht mehr losreißen, genauso wenig wie ein Leguan, der sich an ein Loch in einem Baum klammert. Jetzt ist er nur gekommen, um dieses Fleisch seinem Herrn zu bringen. Er ist für uns verloren.«

Als Kaanadan das hörte, rief er aus: »Was hast du getan, Kannappar, dass diese Illusion sich deiner bemächtigt hat? Bist du nicht unser großer Stammesfürst?« Kannappar sah ihn nicht einmal an, sondern wickelte die guten Stücke des Eberfleisches in Blätter, nachdem er sich davon überzeugt hatte, dass sie gut schmeckten, und eilte zurück zu seinem Herrn. Er brachte ihm das in Blätter gewickelte Fleisch, das Wasser für sein Bad trug er in seinem Mund, und die Blumen hatte er in seine Haarsträhnen gebunden. »Mein Herr wird hungrig und müde sein«, dachte er. Dann goss er das Wasser aus seinem Mund über den Herrn, nahm den Blumenkranz aus seinem Haar, umkränzte damit den Herrn des Berges und opferte ihm das Fleisch, indem er sagte: »Dieses Fleisch wurde gut zubereitet. Ich habe es selbst probiert, ob es auch gut schmeckt. Bitte nimm es an und genieße es.« Er dachte aber, dass der Herr viel mehr Nahrung dieser Art bräuchte. Doch inzwischen ging die Sonne unter. Als Kannappar die Nacht herankommen sah, dachte er: »Mein Herr kann nicht alleine in der Dunkelheit bleiben, wenn die wilden Tiere umherstreifen.« Deshalb hielt er während der ganzen Nacht Wache, den Bogen in seiner Hand bereit.

Als der Morgen anbrach, dachte Kannappar, es sei nun Zeit, für den Herrn auf die Jagd zu gehen. Er verneigte sich vor ihm und machte sich in den Dschungel auf. Währenddessen kam der zuständige Priester und vollzog die vorgeschriebenen Riten für seinen Herrn. Er war bestürzt, als er die Knochen und das Fleisch überall herumliegen sah und rief aus: »Wer kann diese Stätte entweiht haben? Sicher waren es die furchtlosen Jäger. Mein Herr, wie konntest du das nur zulassen?« Er vergoss Tränen und warf sich nieder. Dann machte er sich daran, die unreinen Dinge wegzuräumen. Er vollzog die Reinigungsriten im Fluss, dann badete er den Herrn mit reinem Wasser und verehrte ihn in der vorgeschriebenen Weise mit vedischen Hymnen. Einigermaßen beruhigt verließ er das *lingam* des Herrn.

Derweilen hatte Kannappar Eber, Hirsche und Rehe erlegt. Um die Mittagszeit machte er ein Feuer und briet das saftige Fleisch, bis es zart war, indem er die Fleischstücke auf seine scharfen Pfeile spießte und ins Feuer hielt. Dann verpackte er sie wiederum in Blätter, nachdem er davon gekostet hatte. Er eilte zurück zu seinem Herrn, den Mund voller Wasser und die Blumen in sein Haar geflochten wie beim letzten Mal. Die Kränze des Priesters legte er beiseite und begann seine Verehrung in der erprobten Weise. Er opferte das Fleisch und sagte zum Herrn: »Es ist viel besser als gestern. Ich kann dafür bürgen, denn ich habe es gekostet.«

Auf diese Weise wechselte sich die Verehrung des Priesters mit der Kannappars ab, was den Priester sehr verärgerte. Eines Tages beklagte er sich beim Herrn: »Wie lange willst du diese Entweihung noch ertragen? Bitte entledige dich dieses Übeltäters!«

In derselben Nacht erschien ihm der Herr im Traum und sagte zu ihm: »Halte diesen Verehrer nicht für einen groben Kerl. Seine Art der Verehrung ist für mich die reine Liebe. Er denkt nur an mich, und alle seine Handlungen gefallen mir. Wenn dieser Verehrer liebevoll die Blumen, die du mir umgelegt hast, mit seinem Fuß entfernt, ist diese Berührung für mich süßer als die des zarten Fußes eines Babys. Das Wasser, das er aus seinem Mund über mich ausschüttet, ist heiliger als das des Ganges, und die Blumen, die er über mich ausstreut, sind wie die Blütenblätter seiner tiefen Liebe. Das zarte Fleisch, das er gebraten und gekostet hat, um zu prüfen, ob es schön zart ist, bevor er es mir opfert, ist mir lieber als die Feueropfer. Die wenigen stammelnden Worte, die er in Liebe spricht, um mich zu bitten, sein Fleischopfer anzunehmen, sind für mich wertvoller als die vedischen Lieder und Gesänge von Heiligen. Verstecke dich morgen hinter meinem *lingam*, und ich werde dir das Ausmaß seiner Hingabe vor Augen führen. Derweilen wirf all deine Sorgen über Bord!«

Mit diesen Worten verschwand die Erscheinung, und der Priester erwachte erstaunt. Als die Sonne aufgegangen war, nahm er sein übliches Bad im Fluss und stieg den Berg hinauf. In spannender Erwartung verbarg er sich hinter dem *lingam*.

Es war der sechste Tag. Kannappar hatte in allen vorangegangenen Nächten beim Herrn Wache gehalten. Wie üblich war er schon vor Sonnenaufgang und vor dem Eintreffen des Priesters zur Jagd aufgebrochen. Wie immer besorgte er Fleisch, Wasser und einen bunten Blumenkranz. Er spürte, dass er an diesem Tag zu lange ausgeblieben war. Eine seltsame Angst beschlich ihn.

Der Herr aber enthüllte nun dem Priester das wahre Wesen von Kannappar. Blut strömte aus seinem rechten Auge. Was für ein Schock war das für Kannappar! Kummervoll eilte er zu seinem Herrn. Er sah, wie das Blut beständig weitertriefte. Er war verwirrt. Das Wasser, das er in seinem Mund trug, floss heraus. Die Fleischstücke, die er in seinen Händen hielt, fielen auf die staubige Erde. Der Blumenkranz löste sich aus seinen Haarsträhnen. Er stürzte nieder und fiel flach auf die Erde. Einen Schuldigen konnte er nirgends finden, weder Mensch noch Tier. Was nur sollte er tun? Er versuchte, das Blut aus dem Auge des Herrn wegzuwischen, aber es floss weiter. Dann sammelte er Heilkräuter und gab deren Saft auf das blutende Auge, aber auch das half nicht. Da erinnerte er sich an die Redensart, dass Fleisch das Heilmittel für krankes Fleisch sei. »Ich werde mein eigenes Auge mit dem Pfeil ausstechen und es auf das Auge des Herrn legen.« Und so machte er es – und siehe da, das Auge des Herrn hörte zu bluten auf. Er freute sich so sehr, dass er wie ein Irrer um das *lingam* tanzte.

Doch da begann auch das andere Auge des Herrn zu bluten. Kannappar war erneut schockiert. Er dachte sofort an das Heilmittel, das soeben geholfen hatte. »Ich werde auch mein anderes Auge dem Herrn auflegen.« Er setzte seinen linken Fuß auf das blutende Auge des Herrn, um die rechte Stelle zu treffen, da er dann ja blind sein würde. Soeben wollte er sein zweites Auge ausstechen, als der Herr es nicht länger mitansehen konnte, wie sich sein standhafter Devotee verstümmelte. Er streckte seinen Arm aus, hielt Kannappars Hand fest und rief dreimal: »Halt ein, Kannappar!«

Da erkannte der Priester die Wahrheit über die tiefe Verehrung Kannappars. Der Herr segnete Kannappar und sagte: »Oh du Untadeliger und Standhafter! Komm und bleibe für immer zu meiner Rechten.«

(Iyer: Mein Leben, S. 116-121; Sekkizhar: Peryia Puranam, 10. Kannappa Nayanar)

YOGA VASISHTA

Das Yoga Vasishta ist ein Dialog zwischen dem Weisen Vasistha und *Rama*, geschrieben von Valmiki, der auch das Ramayana verfasst hat. Darin wird die Lehre des Advaita dargelegt und mit Geschichten illustriert. Sri Bhagavan bezog sich oft auf das Yoga Vasistha und hat sogar sechs Verse davon in seine vierzig Ergänzungsverse von Ulladu Narpadu übernommen.

Brahma mit den vier Gesichtern

Ein Devotee fragte: »Im Vasishtam heißt es, dass eine Person alles erhält, was sie sich wünscht, und dass es der Geist ist, der das alles erschafft. Aber Bhagavan, wie ist das möglich?«

Bhagavan: »Wird das nicht in der Geschichte von den zehn Brahma-nen ausgeführt? Diese Geschichte ist auch im Vasishtam enthalten.«

Man bat ihn darum, diese Geschichte zu erzählen.

Einmal legte sich *Brahma*, der Schöpfer der Welt, nach seinem Tage-werk schlafen und wachte am nächsten Morgen wieder auf. Nachdem er seine morgendlichen Waschungen beendet hatte und sein Tage-werk der Schöpfung beginnen wollte, blickte er zum Himmel empor und entdeckte dort mehrere andere Welten. Er hatte sein Schöp-fungswerk ordentlich ausgeführt, und es gab keine Berechtigung für die Existenz dieser anderen Welten. Überrascht dachte er: »Diese Welten sollten noch schlummern, bis ich sie erschaffe. Wie sind sie entstanden?« Mit der Kraft seines Geistes rief er eine ihrer Sonnen herbei und fragte sie: »Wie sind diese Welten entstanden?« Die Sonne antwortete: »Herr, du bist der Weltenschöpfer. Was gibt es, was du nicht weißt? Doch wenn du die Geschichte von mir hören willst, werde ich sie dir erzählen.«

Und die Sonne erzählte folgendes: »Ein Brahmane lebte mit seiner Frau in der Nähe des Kailash. Da sie kinderlos waren, beteten sie zu *Parameswara* und bekamen in der Folge zehn Kinder. Sie wuchsen auf und studierten die heiligen Schriften. Als die Eltern starben, wa-ren die Jungen untröstlich. Sie hatten keine nahen Verwandten und konnten nicht in ihrem Elternhaus wohnen bleiben. Da stiegen sie auf den Kailash und beschlossen, dort *tapas* zu üben. Sie überlegten sich, was zu tun sei, um ihre Sorgen loszuwerden. Zuerst dachten sie, Wohlstand könne ihnen Glück bringen, aber sie verwarfen den Ge-danken wieder, da es immer jemanden geben würde, der reicher als sie sein würde. Mit einem Königreich oder einer noch höheren Positi-on würde es dasselbe sein. Sie sahen ein, dass sie in keinem dieser Dinge Erfüllung finden konnten. Da sagte der Älteste von ihnen: »*Brahma* ist der Schöpfer von allem. Also ist er der Höchste.« Seine Brüder stimmten ihm zu und fragten: »Wie kann man wie *Brahma* werden?« Nachdem sie eine Weile darüber nachgedacht hatten, sagte der Älteste: »Es ist gar nicht so schwierig. Der Geist ist die Ursache von allem. Wir wollen uns an einem einsamen Ort niedersetzen und uns darauf konzentrieren, wie *Brahma* zu werden, indem wir alle an-deren Gedanken aufgeben, auch den an den Körper. Stellt euch be-ständig vor, dass ihr auf einem Lotus sitzt, von Glanz erfüllt seid und dass ihr diese Welt erschafft und wieder vernichtet. Ich werde es ebenso machen.« Alle waren über diese Idee glücklich. Der Gedanke: »Ich bin *Brahma* mit den vier Gesichtern« prägte sich ihnen ein, und sie vergaßen ihre Körper völlig. Schließlich fielen ihre Körper von ihnen ab wie trockene Blätter von einem Baum. Durch die Intensität ihres Wunsches waren zehn Welten entstanden, da sie alle zehn zu *Brahma* geworden waren. Ich bin die Sonne einer dieser zehn Welten.«

Als die Sonne das erzählt hatte, ging sie an ihren Platz zurück.

(Nagamma: Briefe, 28.3.1949)

Die Schweizerin J.C.S. Hick-Riddingh fragte: »Beinhaltet die Selbstverwirklichung auch okkulte Kräfte?«

M.: »Das Selbst ist das ewige Sein, das uns innewohnt, während die okkulten Kräfte (siddhis) uns fremd sind. Um okkulte Kräfte zu erlangen, muss man sich anstrengen, um das Selbst zu erlangen dagegen nicht.

Siddhis werden mit dem Geist gesucht, der sehr aufmerksam sein muss. Das Selbst wird dagegen verwirklicht, wenn der Geist zerstört ist. Man kann diese Kräfte auch nach der Selbstverwirklichung suchen und erlangen. Aber dann dienen sie einem bestimmten Zweck, wie etwa zum Wohl der anderen. Das war bei Chudala der Fall.

König Sikidvaja und Königin Chudala regierten das Königreich von Malava. Chudala meditierte in den stillen Stunden regelmäßig und verwirklichte schließlich die absolute Wahrheit. Ihr Gesicht erstrahlte und wurde noch schöner als zuvor. Der König bemerkte es und fragte sie nach dem Grund. Die Königin antwortete, der Grund bestünde in ihrer Verwirklichung der Wahrheit. Da lachte der König sie aus, da er dachte, dass Verwirklichung nur durch harte Buße möglich sei und nie in einem Palast erlangt werden könne. Er wollte sein Königreich verlassen und in einem Wald Buße tun, um Verwirklichung zu erlangen. Die Königin versuchte, ihn davon abzubringen, und meinte, er könne im Palast *tapas* üben und trotzdem das Königreich regieren. Er nahm aber ihren Rat nicht an und ging in den Wald, wo er harte Bußübungen machte. In seiner Abwesenheit übernahm die Königin die Regentschaft.

Die Königin bedauerte ihren Gemahl und wollte ihn aus dem Morast der Täuschung befreien. Deshalb wandte sie übernatürliche Kräfte an, nahm die Gestalt eines Muni (Weisen) an und erschien vor ihm, schwebte aber einige Schritte über dem Boden. Der König dachte, dass ihm ein himmlisches Wesen erschien, um ihn zu segnen, fiel ihm zu Füßen, erzählte ihm von seinen Nöten und bat um seine Führung. Der Muni lehrte den König folgendes: »*Karma* (Handeln) gibt Frucht, wie der Herr es bestimmt, kann dir aber keine Erlösung bringen. Wenn man selbstlos handelt, kann der Geist rein werden. Mit einem reinen Geist sollte man über das Selbst meditieren. Das vernichtet die *vasanas.* Dann sollte man zu einem Meister gehen und durch seine Gnade lernen, das Wesen des Selbst zu erforschen. Befreiung ist nur durch Ergründung möglich und nicht durch Handeln. Wenn man alles aufgibt, verwirklicht man die Wahrheit.«

Der König sagte, er habe alles aufgegeben, selbst sein Königreich und seine Familie. Der Muni erklärte ihm, dass seine Entsagung nur äußerlich sei. Die Samen der Anhaftung seien aber noch in ihm. Da warf der König seinen Wanderstab, sein Wassergefäß (*kamandula*), seinen Rosenkranz (*rudrakshas*) und seine Kleider ins Feuer und hatte nun nichts mehr. Da ihm gesagt worden war, er habe noch nicht allem wirklich entsagt, war er nun bereit, auch seinen letzten Besitz, seinen Körper, fortzugeben und sich vom Berggipfel zu stürzen. Da fragte ihn der Muni: »Was hat dir der Körper schlimmes getan, um so bestraft zu werden?« Und er lehrte den König, dass er nicht dadurch das Selbst verwirklichen würde, indem er seinen Körper vernichte, sondern nur, indem er den Geist, der die Quelle aller Anhaftungen ist, zerstöre. Der Geist identifiziert sich als Ich, und darin besteht die Bindung. Wenn man diese falsche Identifikation zerreißt, so ist das die Entsagung von allem. Der Muni beschrieb sehr genau den Übungsweg der Unterscheidung.

Dadurch wurden die Zweifel des Königs vertrieben, und sein Geist wurde rein. Der König ergründete die Quelle des Selbst, wurde bald eins mit ihr und blieb in glückseligem *samadhi*. Der Muni verschwand und kam nach einiger Zeit wieder. Der König war immer noch im *samadhi*. Chudala brüllte wie ein Löwe, um ihn aufzuwecken, brachte es aber nicht fertig. Dann nahm sie eine subtile Gestalt an und trat ins Herz des Königs ein. Sie fand es rein und frei von allen latenten Neigungen. Mit ihrer melodiösen Stimme sang sie das Sama Veda, und wie das Erblühen einer Lotusblume wurde der König der Welt gewahr. Er war von Freude erfüllt, schwieg und wusste nicht, wie er seine Dankbarkeit zeigen sollte. Dann kehrte er mit der Königin in sein Reich zurück, wie sie ihm riet. Gefestigt in der Wahrheit regierte er sein Königreich und lebte mit der Königin glücklich für lange Zeit.

(Talk 597)

Im Yoga Vashishta gibt es eine Geschichte über König Bhagiratha. Er empfand sein Reich als ein großes Hindernis für die Selbstergründung. In Absprache mit seinem Guru und unter dem Vorwand, ein Opfer zu bringen, verschenkte er seinen ganzen Besitz. Doch keiner wollte das Reich übernehmen. Da lud er den benachbarten König ein, der sein Feind war und nur auf eine passende Gelegenheit wartete, sein Reich an sich zu reißen, und schenkte es ihm. Jetzt musste er nur noch das Königreich verlassen. Er verkleidete sich und verließ um Mitternacht das Land. Er lebte in fremden Ländern, versteckte sich tagsüber und ging nachts betteln, um nicht erkannt zu werden.

Als er glaubte, genügend gereift und vom Egoismus frei zu sein, beschloss er, in seine Heimat zurückzukehren. Er ging in allen Straßen betteln. Keiner erkannte ihn. Eines Tages ging er in den Palast. Da erkannte ihn der Wachmann, verneigte sich vor ihm und gab dem König Bescheid. Der König eilte herbei und bat Bhagiratha, sein Reich wieder zu übernehmen, aber er lehnte ab und fragte stattdessen: »Wirst du mir nun ein Almosen geben oder nicht?« Da ihnen nichts anderes übrig blieb, gaben sie ihm ein Almosen, und er ging zufrieden weg.

Später wurde er König in einem anderen Land. Als der König seines eigenen Landes gestorben war, übernahm er auf Bitten der Leute auch diese Regentschaft wieder. Diese Geschichte ist ausführlich im Vasishtam zu finden. Das Reich, das ihm zuvor eine Last gewesen war, hat ihm keine Sorgen mehr bereitet, nachdem er ein *jnani* geworden war.

(Nagamma: Briefe, 20.6.1947)

Bhagavan erinnerte sich an seine Jugend: »Bevor meine Tante mit der Zubereitung von Appalams oder ähnlichem begann, rief sie mich herbei und bat mich, ihr zu helfen. Sie hatte in mich großes Zutrauen, weil ich ihr immer zu Willen war und nie log. Ich musste nur einmal in meinem Leben lügen, nämlich als ich hierher kam.«

Devotee: »Das bedeutet, dass man manchmal lügen muss, um etwas Großes zu tun?«

Bhagavan: »Ja. Wenn es zum Wohl der Welt ist und wenn die Situation es erfordert, muss man es tun. Es lässt sich nicht vermeiden. Doch es geht nicht darum, dass man lügt. Eine Kraft zwingt einen dazu. Solange man einen Zweck verfolgt, muss man handeln. Wenn es diesen Zweck nicht mehr gibt, ist auch kein Handeln nötig. Dann können wir das Handeln vermeiden, wie es in der Geschichte vom Weisen und Jäger im Yoga Vasishta erzählt wird.«

Devotee: »Was ist das für eine Geschichte?«

In einem Wald saß ein Weiser und verharrte in bewegungslosem Schweigen. Doch er hatte seine Augen offen. Ein Jäger verfolgte ein Reh, das er angeschossen hatte. Als er den Weisen sah, blieb er stehen. Das Reh war vor den Weisen gelaufen und hatte sich im Gebüsch in der Nähe versteckt. Der Jäger konnte es nicht entdecken und fragte den Weisen: »Swami, mein Reh ist hier vorbeigekommen. Bitte sage mir, wo es hingelaufen ist.« Der Weise sagte, er wisse es nicht. Da erwiderte der Jäger: »Es ist dir vor die Nase gelaufen. Du musst es gesehen haben, da du deine Augen offen hast. Wie kannst du da sagen, dass du es nicht weißt?« Da antwortete der Weise: »Mein lieber Freund, in diesem Wald sind wir alle gleich. Wir haben kein individuelles Ich (*ahankara*), und ohne es kann man nichts in der Welt tun. Dieses individuelle Ich ist der Geist. Er tut alle Dinge. Er sorgt auch dafür, dass die Sinne ihre Arbeit tun. Wir haben keinen solchen Geist. Er ist vor langem verschwunden. Wir haben nicht die drei Zustände von Wachen, Träumen und Tiefschlaf. Wir sind immer im ›Vierten Zustand‹ (*turiya*), und deshalb sehen wir nichts. Was können wir da über dein Reh sagen?«

Der Jäger verstand nichts von dem, was der Weise gesagt hatte, dachte, dass er verrückt sein müsse, und ging seiner Wege.

(Nagamma: Briefe, 8.3.1949)

Ein Besucher hatte einige Fragen in Tamil aufgeschrieben und sie Bhagavan überreicht.

Bhagavan: »Er will wissen, wie man den Geist von den Sinnesfreuden abwendet und die Seligkeit erfährt, die sie um so vieles übersteigt. Es gibt nur einen Weg, den Geist in DAS untergehen zu lassen, was die Sinnesfreuden überschreitet. Wenn du dich auf DAS konzentrierst, fällt der Anreiz durch die Sinne von selbst weg.«

Der Besucher fragte: »Wann werde ich diese Seligkeit erlangen?«

Bhagavan: »Wir genießen sie täglich im Tiefschlaf. Wir müssen das Glück nicht erlangen. Wir sind es. Glück ist ein anderer Name für uns. Es ist unsere Natur. Wir müssen lediglich den Geist (mit dem Selbst) verschmelzen.«

Nach einer Weile fügte er hinzu: »Die Geschichte von Indra und Ahalya im Yoga Vasishta illustriert, dass man von nichts mehr beeinträchtigt wird, wenn der Geist sich nur auf eine Sache konzentriert.

Ahalya, die Frau eines Königs, verliebte sich in den Wüstling Indra. Der König erfuhr davon, und es wurde zu einem großen öffentlichen Skandal. Der König befahl, das Paar allen möglichen Torturen auszusetzen, aber sie blieben bei beiden wirkungslos. Ihre Gesichter zeigten keine Spur von Qual, im Gegenteil, sie lächelten sich selig an. Der König war verblüfft und fragte sie, was sie so stark und widerstandsfähig machen würde. Sie antworteten: »Das weißt du nicht? Wir sehen uns an und sind so sehr ineinander vertieft, dass in unserem Geist für nichts anderes mehr Platz ist. Nur wir existieren, der eine für den anderen. Es gibt nichts anderes für uns. Wie also könnte uns etwas beeinträchtigen?« So stark ist die Kraft des versunkenen Geistes.

(Mudaliar: Tagebuch, 29.3.1946; Talk 343)

Im Vasishtam wird erzählt, dass *Rama*, nachdem er von einer Pilgerreise zurückgekommen war, erkannte, dass die ganze Welt voller Elend ist und dass der Grund dafür der Körper ist. Deshalb tat er nichts mehr, aß und trank nicht mehr und bewegte sich nicht. Als Viswamitra[40] Dasaratha[41] bat, *Rama* herzuschicken, um seine Opferzeremonien (*yagna*) zu überwachen, sagte Dasaratha, dass *Rama* sich wie ein Verrückter benähme, und beschrieb es ihm. Als Viswamitra das hörte, war er damit sehr zufrieden und meinte, dass solche Verrücktheit nicht viele Menschen überkäme und er ihn gerne sehen würde. Er bat, ihn herbringen zu lassen. *Rama* kam, verneigte sich vor allen Anwesenden und setzte sich.

Viswamitra sah ihn an und fragte ihn, warum er sich so verrückt benähme. Dann sagte er zu Vasishta: »Bitte lehre *Rama* die Erkenntnis des Selbst, die *Brahma* dich und mich gelehrt hat.«

Vasishta war damit einverstanden. Während er ihn alles lehrte, kamen *siddhas* von überall her, um ihm zuzuhören, und dachten bei sich: »*Rama* hat in so jungen Jahren so viel Erkenntnis erlangt. Wie erstaunlich! Wie großartig! Was nützt es, dass wir so lange leben?«

---

[40] berühmter Heiliger, dessen Geschichte im Ramayana erzählt wird
[41] König von Ayodhya und Vater von *Rama*

GLOSSAR

Adi Saiva: einer, der die Zeichen *Shivas* trägt

Advaita: Nicht-Zweiheit. Die Lehre, dass nichts außer das Selbst existiert und alles das Selbst ist, das eine Gestalt angenommen hat.

aham: Ich, verkörpertes Selbst

ahamkara: individuelles Ich-Empfinden, das Ego

ajnana: Unwissenheit

ajnani: einer, der das Selbst nicht verwirklicht hat

akasvani: eine Stimme vom Himmel

Amba: ein vertrauter Name für die göttliche Mutter oder eine Göttin

amrita: unsterblich

Ashram: Einsiedelei, eine Einrichtung, die um einen Weisen oder Guru herum entstanden ist.

atma: der Geist des Selbst

avadhuta: Asket, der alles aufgegeben hat

avatar: Wiedergeburt, Abkömmling Gottes in weltlicher Gestalt, göttliche Manifestation

Bhagavan: Der Begriff ›Bhagavan‹ wird für die wenigen Weisen gebraucht, die als völlig eins mit Gott betrachtet werden. Ramana Maharshi wurde von seinen Anhängern so genannt.

Brahma: der Schöpfergott in der hinduistischen Dreifaltigkeit

Brahman: das höchste Sein, das Absolute

brahmachari: ein zölibatär Lebender

Brahma jnana: Erkenntnis, Verwirklichung *Brahmans*

Brahman: das höchste Sein, das Absolute

Brahmapuri: Herz, Wohnstatt *Brahmas*

Brahma vidya: die Erkenntnis *Brahmans*

Brahmane: Die Hindus werden traditionell in vier Kasten unterteilt, von denen die Brahmanen die höchste Kaste bilden, da sie ihr Leben der Spiritualität und dem Studium widmen.

bhajan: Lied zum Lob Gottes, besonders als Refrain

bhakta: Verehrer, einer der sich Gott mit Liebe und Hingabe naht

bhakti: Hingabe an einen persönlichen Gott

chakra: ein Yoga-Zentrum im Körper

chinmudra: Handhaltung der Erleuchtung

Dakshinamurti: *Dakshinamurti* ist nach der Hindu-Legende Gott *Shiva*, der nach Süden schaut. Er ist ein jugendlicher Guru, der seine vier älteren Schüler durch Schweigen lehrte und sie durch die direkte Übertragung des Geistes einweihte und führte.

darshan: wörtl.: sehen, sehen eines Heiligen oder Gottes

dasi: Kurtisane

Dattatreya: Gottheit, die Wiedergeburt von *Brahma*, *Shiva* und *Vishnu*

devas: himmlische Lebewesen

Devi: die göttliche Mutter, Göttin

dharma: Harmonie, harmonisches Leben oder Handeln, auch die Rolle eines Menschen im Leben

dhyana: Meditation, Kontemplation

Ganapati: der älteste Sohn *Shivas*, Elefantengott

gandharvas: halbgöttliche Lebewesen, die singen und tanzen

Ganesha: = Ganapathi

Gayatri: ein bekanntes vedisches Mantra

Gauri: Parvati, Gefährtin *Shivas*

Guru: spiritueller Führer oder Meister

Hanuman: Affengott im *Ramayana*

Hara: ein Name für *Shiva*

Ishwara: persönliche Gottheit, das höchste Sein in seinem Aspekt als Herr der Welt, vertraute Anrede Gottes

jagrat: Wachzustand

japa: Wiederholung eines heiligen Wortes, einer heiligen Silbe oder eines Namens Gottes

jivanmukta: zu Lebzeiten Befreiter

jnana: Erkenntnis

jnani: einer, der *jnana* erlangt hat, ein selbstverwirklichter Weiser

Kailash: Gebirge im Himalaya, das als die Wohnstatt *Shivas* gilt

kalpa: das Ende einer Zeitspanne

karma: Handlungen, Taten, das Schicksal einer Person, die sie selbst durch das Gesetz von Ursache und Wirkung hervorgebracht hat

koupina: Lendentuch

Lakshmi: Gefährtin *Vishnus*

linga: ein Symbol, das *Shiva* oder das Absolute darstellt

Mahadeva: ein Name *Shivas*

Maharshi: großer Seher, großer Weiser (*rishi*)

Mahatma: erleuchtete Person

Maheshwara: ein Name *Shivas*

Mantra: heilige Silben, durch deren Wiederholung man Vollkommenheit erlangt

marga: spiritueller Weg

maya: Illusion, die Kraft, die *Brahman* innewohnt, durch die es sich in der Welt manifestiert

moksha: Befreiung, spirituelle Freiheit

Berg Meru: Der Berg Meru ist in der hinduistischen Mythologie das spirituelle Zentrum der Welt.

math: eine Art Kloster unter einem spirituellen Führer

Nataraja: natya = Tanz; König der Tänzer; *Shivas* kosmischer Tanz symbolisiert Schöpfung, Erhaltung und Zerstörung, aber auch Wiedergeburt und Befreiung.

nayana diksha: Einweihung durch den Blick

Padikam: Gedicht aus zehn Strophen

Pappadam: knusprige Fladen aus Linsenmehl

Parameswara: ein Name *Shivas*

Parvati: die Gefährtin *Shivas*

prakriti: Natur, *maya*

pranayama: Atemkontrolle

prarabdha: der Teil des eigenen *karmas*, der in diesem Leben abgearbeitet wird

Periya Puranam: die Lebensbeschreibung der 63 Shiva-Heiligen in Tamil

Purana(s): Sammlung von Göttergeschichten

puja: ritueller Gottesdienst

Rama: eine Wiedergeburt *Vishnus*

Ramayana: indisches Epos, das das Leben *Ramas* schildert

Rati: Gefährtin von Cupid

Ravana: Dämonenkönig

rishi: Weiser, Seher

Rudraksha: Perlenkette, die fürs *japa* verwendet wird; wörtl.: *Shivas* Augen

sadhaka: spirituell Suchender

sadhana: Methode der spirituellen Übung

sadhu: Asket, einer, der sein Heim aufgegeben hat

samadhi: Eingetauchtsein in den Geist des Selbst mit oder ohne Trance

Sama Veda: eine der *Veden*

Sambhu: ein Name *Shivas*, *Shiva* als der Großzügige

sannyasa: Asketismus, die vierte Lebensphase

sannyasi: ein Asket, der Heim, Besitz und Kaste sowie alle Anhaftungen für die spirituelle Suche aufgegeben hat

sastra: Wissenschaften

Sat-Guru: vollkommen erleuchteter Guru

sati: Selbstaufopferung; eine Witwe, die sich mit ihrem toten Mann zusammen auf dem Scheiterhaufen verbrennen lässt, begeht *sati*.

siddha: einer, der übernatürliche Kräfte erlangt hat und Wunder wirken kann

siddha purusha: ein Weiser mit übernatürlichen Kräften

siddhi: übernatürliche Kräfte

Sita: Gefährtin *Ramas*

Shiva: Herr des Universums, der Gott der Zerstörung in der Hindu-Trinität

Shiva lingam: das Symbol *Shivas*, das ein Objekt der Verehrung ist

sraddha: Glaube

srutis: Hinduschriften, die verbal weitergegeben werden

Subrahmania: der zweite Sohn *Shivas*

sushupti: Tiefschlaf

swapna: Traum

swarupa: Natur, wirkliche Gestalt, das Selbst

tamas: Dunkelheit, Unwissenheit; eine der drei ursprünglichen Prinzipien, die als schwarz beschrieben wird; das Prinzip der Trägheit

tapas: Buße oder Verzicht

tapasvini: eine Frau, die *tapas* übt

tat tvam asi: Das bist du

tirtha: heiliges Wasser

turiya: vierter Zustand jenseits von Wachen, Traum und Tiefschlaf

upadesa: spirituelle Unterweisung

vasanas: verborgene Tendenzen, die dem Menschen innewohnen

Veden: die frühesten Hindu-Schriften, die von den alten *rishis* offenbart wurden

Venba: tamilisches Versmaß

vichara: Ergründung

vichara marga: der Pfad der Ergründung

Vishnu: höchster Herr, in der Hindu-Trinität der Gott der Erhaltung

Yoga: wörtl.: Einheit (mit dem höchsten Sein)

yagna: rituelles Opfer

Yogi: einer, der dem Weg des Yoga folgt oder ihn gemeistert hat

LITERATURVERZEICHNIS

Ebert, Gabriele: Ramana Maharshi: Sein Leben. – 2. Aufl. – Norderstedt, 2011

Mudaliar, Devaraja: Tagebuch der Gespräche mit Ramana Maharshi. - Norderstedt, 2011

Nagamma, Suri: Briefe aus dem Ramanashram. – 2. Aufl. - Norderstedt, 2014

Nagamma, Suri: Letters from and Recollections of Sri Ramanasramam. – 2nd ed., Tiruvannamalai, 1992

Sekkizhar: Das Periya Puranam: das Leben der 63 südindischen Shiva-Heiligen. – Norderstedt, 2019

Sundaresa Iyer: Mein Leben mit Ramana Maharshi. – 2. Aufl. – Norderstedt, 2014

Swarnagiri, Ramanananda: Erfahrungen mit der Lehre Ramana Maharshis. – Norderstedt, 2018

Venkataramiah, Munagala: Gespräche mit Ramana Maharshi (Talks). – Norderstedt, 2014